심사위원이 직접 가르쳐주는

정부지원사업
합격 노하우

– 개정판 –

개정판

심사위원이 직접 가르쳐주는

정부지원사업 합격 노하우

김형철 지음

두드림미디어

중앙정부와 지방자치단체, 그리고 많은 공공단체에서 (예비)창업을 포함해 개인에게 '정부지원사업'이라 불리는 다양한 형태의 지원사업을 진행하고 있습니다. 저는 심사위원으로 1,000여 건이 넘는 다양한 형태의 지원사업을 심사하며 일본의 경영 컨설턴트 간다 마사노리(神田昌典)의 말을 떠올리곤 했습니다.

간다 마사노리는 "99%의 인간은 현재를 보면서 미래가 어떻게 될지를 예측하고, 1%의 인간은 미래를 내다보면서 지금 현재 어떻게 행동해야 할지를 생각한다. 물론 후자에 속하는 1%의 인간만이 성공한다. 그리고 대부분의 인간은 1%의 인간을 이해하기 어렵다고 말한다"라고 말한 바 있습니다.

우리는 대부분 현재를 보며 미래를 생각하는 99%에 속하는 특별하지 못한 사람이기는 하지만, 우리가 특별해지는 경우도 있습니다. 그것은 바로, 역경에 봉착했을 때입니다. 이런 때에 우리는 대개 깊은 몰입을 경험하게 됩니다. 현재를 타개하기 위한 깊은 몰입은, 미래를 바라보면서 현재를 어떻게 지내야 하는지 알게 합니다.

따라서 특별하지 못한 우리에게 역경과 고난은 우리를 특별하게 만드는 신비의 명약이기도 합니다. 그러므로 역경이나 고난을 만나게 되면, 자신의 창조적 머리를 사용하게 되는 좋은 기회로 생각하는 것이 바람직한 태도입니다.

제가 1,000여 개 이상의 (예비)창업을 포함해 정부지원을 신청한 기업들의 서류 및 발표 심사를 하면서 느낀 것이 있습니다. 그것은 1%의 (예비)창업자 및 정부지원사업 응모자만이 미래를 내다보며 현재 어떻게 행동해야 할지 생각하면서 사업계획서를 준비했으며, 99%에 달하는 나머지 대부분의 (예비)창업 및 정부지원요청 사업계획서는 보통의 사업계획서라는 것입니다.

당연히 1%의 탁월한 사업계획은 정부지원사업에 합격을 합니다. 그러나 여기에서 주목해야 할 것은, 나머지 99%의 보통의 사업계획서 중 몰입과 절박함으로 준비된 사업계획서는 저와 다른 심사위원의 마음을 움직이곤 했다는 사실입니다.

모두가 알다시피 모든 사람이 1%의 탁월함 속에 들어가기는 쉽지 않습니다. 그러나 우리가 정말로 무언가를 절박하게 생각하고, 그것에 대한 열정이 있다면, 1%의 탁월한 사업계획서 못지않은 훌륭한 몰입 속에 우수한 사업계획서를 준비하고 정부지원사업에 합격할 수 있습니다. 즉, 99%의 평범한 사업계획서로도 몰입과 절박함이 있다면 충분히 성공할 수 있다는 것입니다.

그런데 열정과 절박함이 보여 심사위원의 입장에서 적극적으로 도와주고 싶은데도 불구하고 심사라는 벽을 넘지 못하는 안타까운 상황을 자주 목격하곤 합니다.

그 이유는 (예비)창업자나 정부지원사업 지원자가 자신의 내면에 있는 열정과 절박함을 너무 자기 기준으로 일방적으로 풀어내거나, 어디에 초점을 맞추어야 하는지 잘 모르기 때문입니다.

안타까운 마음에 왜 그렇게 되는지 이유를 찾고자 여러 자료를 살펴보았습니다. 그런데 시중에 나와 있는 정부지원사업 합격을 위한 지침서나 컨설팅하는 곳들은 대부분 지침서를 작성한 저자나 컨설턴트 입장에서 바라본 자기 중심의 해법을 이야기하고 있었습니다.

현재 출판된 책을 집필한 분들이나 컨설팅을 하시는 분들도 훌륭한 경험과 지혜를 가지고 있어 독자에게 큰 도움이 될 수 있겠지만, 그것만 가지고는 어딘가 부족한 느낌이 있습니다.

마케팅이나 사업계획서를 준비할 때, 늘 이야기하는 중요한 점 중 하나가 자신의 입장이 아닌, '고객의 입장에서 바라보라'는 것입니다. 그렇다면 정부지원을 받기 위한 사업계획서의 고객은 누구일까요?

그 1차 고객은 다름 아닌 심사위원입니다. 심사위원의 마음을 움직이지 못하는 사업계획서는 정부지원을 받을 확률이 떨어질 뿐만 아니라, 실제로 사업을 하면서도 힘들어질 수 있기 때문입니다. 심사위원이라는 존재가 1차 관문이라는 것을 인식해야 합니다.

그런데 지금까지 우리는 정부지원사업의 문턱을 지키고 있는 심사위원이라는 존재를 전혀 의식하지 않은 채 자기 중심의 사업계획서를 준비해왔습니다. 이제는 이러한 자세를 반성해볼 시점입니다.

우리에게 1%의 탁월함은 없지만, 99%의 보통 사업계획서 속에서 자신이 가진 열정과 절박함을 1차 고객인 심사위원이 감동할 만한 스토리로 풀어낸다면, 정부지원사업에 합격할 확률은 매우 높아질 것입니다.

심사위원들은 높은 경륜과 지식 등을 보유한, 다방면에서 선발된 전문가들입니다. 그들이 심사를 하는 시각을 이해할 필요가 있습니다. 심사위원이 갖고 있는 심사기준들을 이해하지 못하고 사업계획서를 작성하는 것은 타깃을 명확히 이해하지 못하고 준비하는 것과 같습니다.

그래서 준비했습니다. 심사위원이 어떤 상황과 어떤 환경, 그리고 어떤 자세로 심사를 하는지, 심사 현장에 있던 사람의 생생한 이야기를 전하려 합니다. 그리고 필자가 1,000여 건의 심사를 하며 느끼고 경험한 심사위원의 마음을 움직이는 사업계획이 어떤 것인지를 이야기하려고 합니다.

지금부터 심사위원의 시각에서 풀어내는 정부지원사업의 합격 방법론을 잘 적용해 독자 모두가 탁월한 사업계획서를 작성해 정부지원사업에 합격해서 지원받기를 바랍니다.

본문의 내용은 크게 3개의 Chapter로 구성되어 있고, 각 Chapter별로 몇 개의 장이 포함되어 있습니다. 본문은 순서대로 읽어나가도 되고, 필요한 Chapter나 필요한 장만 읽어도 크게 문제가 되지 않으니 필요에 따라 매뉴얼을 읽는 느낌으로 읽어가시면 됩니다.

책을 읽고 도움이 더 필요할 경우, 필자에게 연락을 주시면 성심껏 도와드리겠습니다.

다니엘의 비밀 서재, 다비재에서

대니교수 김형철

Chapter 1

심사위원과 발표장을 이해해야 합격의 길이 보인다

01

심사위원이 알려주는 심사장의 분위기 :
분위기를 알면, 합격 버스에 올라타기 쉽다

한 발표자가 조심스럽게 문을 열고 심사장으로 들어옵니다. 긴장한 마음은 몸을 둔하게 만듭니다. 들어온 출입구 문을 조심스레 닫아보지만, 조절되지 않은 손의 힘은 속절없이 문을 쾅 소리가 나게 닫아버립니다. 옆에서 지켜보던 정부사업 주관기관 직원이 얼른 달려가 문을 다시 닫아주지만, 발표자는 자기가 저지른 실수가 영 맘에 걸려 얼굴이 이미 홍당무가 되어버렸습니다. 애써 덤덤한 표정으로 발표자의 자리에 서서 어색한 몸짓과 표정으로 인사를 하지만, 많이 불편하고 속이 상합니다.

그것을 지켜보는 심사위원들도 어색하기는 마찬가지입니다. 대부분의 경우, 심사위원과 담당 직원은 심사 당일 처음 만나게 됩니다. 담당 직원뿐만 아니라 심사위원들끼리도 대부분 처음 만나는 것입니다. 심사의 공정을 위해 심사위원 풀에서 무작위로 심사위원을 선정하기에 심사 당일까지 심사위원들은 서로가 서로에 대해 모를 뿐만 아니라 담당자가 누군지도 모르는 경우가 대부분입니다. 물론 심사위원을 수락할지를 확인하고 심사장소와 시간 등 안내를 위해 담당자와 전화 통화를 하지만, 오프라인으로 대면해 인사를 하는 것은 대부분 처음인 경우가 많습니다.

심사위원들은 통상 심사를 시작하기 30분 전쯤 미리 심사장에 도착해 담당자와 인사를 하고 행정적인 절차를 진행합니다.

심사위원 수락서, 개인정보 수집·활용·제공 동의서, 청렴 및 윤리 강령 동의서, 심사 중 알게 된 사업계획서 등의 내용에 대해 비밀을 유지하겠다는 비밀유지 각서 등 적으면 대여섯 종류, 많으면 10여 종의 서류와 문서 등을 확인하고 서명하는 절차상 매우 중요한 일이기에 담당자와 하나하나 꼼꼼하게 챙기게 됩니다. 물론 소정의 심사위원 수고비를 수령할 은행 계좌를 적는 부분도 실수 없이 해야 합니다.

최근 들어서는 청렴과 윤리적인 측면, 그리고 비밀 유지 등을 많이 강조하며 서로 조심합니다. 한마디의 실수가 공정성에 손상을 줄 수도 있기에 굉장히 조심하며 심사를 준비합니다.

심사장에 도착해 정신없이 문서를 작성하고 문서에 서명하다 보면 다른 심사위원들도 하나둘 도착해 동일한 행정 절차를 진행하느라 서로 눈인사만 주고받을 뿐, 정식으로 자기를 소개할 분위기도 아니고 자기를 소개할 시간도 없습니다.

저는 다행스럽게도 여유 있게 심사장에 도착해 다른 심사위원보다 먼저 행정 절차를 끝내고, 심사장에 들어오며 테이크아웃한 커피를 마시면서 제 명찰이 놓여 있는 좌석에 앉습니다.

제 이름이 적혀 있는 명찰 앞에 앉으면 노트북 PC가 켜진 채로 놓여 있습니다. 저뿐만 아니라 모든 심사위원 자리에는 명찰과 함께 노트북 PC가 놓여 있습니다. 물론 노트북 PC 옆에는 간단한 심사 일정을 소개한 프린트물과 심사 발표할 (예비)기업과 발표자 이름이 순서대로 적힌 종이와 이름만 들어도 긴장감을 부추기는 심사 평가표, 그리고 간단한 필기구가 놓여 있습니다.

심사 기관 담당자의 센스 여부에 따라 간단한 다과와 음료수들이 놓여 있는 경우도 있지만, 대부분의 경우 심사가 끝날 때까지 그것에는 손도 대지 못합니다. 그만큼 정신없이 바쁘기 때문입니다.

노트북 PC에는 피평가 기업의 발표 자료와 심사 채점표 등을 제외하고는 불필요한 모든 것이 제거되어 있고 인터넷도 차단되어 있습니다.

제가 처음 정부 및 공공기관 심사를 시작하던 5~6년 정도 전에는 휴대전화도 담당자에게 맡기고 심사를 하는 경우가 있기도 했습니다. 그만큼 공정성과 보안을 강조했다는 의미입니다. 요즘은 심사위원의 인권과 불편을 덜어주기 위해 휴대전화 정도는 휴대할 수 있지만, 공정성과 보안에 위배되는 행동은 작은 것도 결코 용납되지 않습니다.

말 그대로 가장 기본적인 앱, 그리고 심사 대상 (예비)기업의 자료만 들어 있는 노트북 PC 앞에 앉아 마우스를 클릭합니다.

제일 먼저 눈에 띄는 것은 엑셀로 만들어진 평가표입니다. 이 평가표에는 심사항목별로 점수를 입력하면 피평가 (예비)기업 전체 점수 및 심사를 진행함에 따라 (예비)기업간의 순위도 자동 부여되며, 전반적인 점수 상황 등이 알기 편하게 작성되어 있습니다. 심사위원만의 대시보드라고 할 수 있습니다. 그리고 보통 20개 정도의 (예비)기업 사업계획서가 발표 순서대로 들어 있습니다.

이 사업계획서는 정부지원사업 신청 (예비)기업이 작성한 그대로의 자료입니다. 어떠한 가공도 되지 않은 신청 (예비)기업의 현재 상황을 알려주는 현황표입니다.

근데 왜 20개의 (예비)기업의 현황표가 노트북 PC에 들어 있을까요?

정부지원사업의 경우, 상황과 지원 금액에 따라 다르기는 하지만, 대부분 5분 발표, 15분 질의응답으로 진행되는 경우가 많습니다. 지원

금액이 많거나 모집 기업의 기술적 난이도가 높은 경우는 20분 발표, 20분 질의응답으로 진행되는 등 심사 시간이 길어지기도 하지만, 보통의 경우는 5분 발표, 15분 질의응답 시간으로 구성되어 있습니다.

그러면 1시간에 3개 (예비)기업, 그리고 하루 8시간 기준으로 심사할 수 있는 (예비)기업의 수는 24개가 됩니다. 하지만 (예비)기업의 발표 준비 시간 등을 고려하면, 하루에 보통 20개 전후로 심사 배정이 됩니다. 그래서 피평가 (예비)기업의 수는 20개 전후로 배정되는 것입니다.

여기서 '해당 사업에 신청 (예비)기업의 수가 20개가 넘으면 어떻게 할까?' 하는 의문이 들 수 있습니다. 실제로 신청 (예비)기업의 수가 20개가 넘는 경우는 많습니다. 그래서 어떤 경우는 동일한 심사위원이 며칠에 걸쳐 심사하는 경우도 있고, 심사위원을 더 위촉해 심사팀을 몇 개더 만들어서 당일에 모두 끝내는 방법이 있습니다.

당일에 몇 개의 심사 팀을 운영하는 것과 동일한 팀이 며칠에 걸쳐 심사를 하는 경우, 2가지 다 (예비)기업 입장에서 보면 장단점이 있을 수 있습니다.

동일한 팀이 며칠에 걸쳐 심사를 하는 경우의 장점은 동일한 시각으로 평가를 할 수 있다는 점입니다. 서로 다른 팀이 평가하는 경우, 명확한 심사 기준은 정해져 있지만, 심사위원마다 보는 시각이 달라 편차가 발생할 수 있습니다.

단점으로는 심사위원 모두가 동일한 기간 동안 일정을 비워 심사에 참여할 수 있느냐의 문제입니다. 모든 심사위원들은 자기 분야에서 탁월한 성과를 내며 지명도가 있는 분들이기에 갑자기 며칠 동안 시간을 비우기가 쉽지 않다는 점입니다.

그래서 당일에 몇 개의 심사팀을 운영하는데, 이의 장점은 하루에 모든 심사 과정을 끝낼 수 있고, 혹시 있을지 모르는 피평가 (예비)기업들 간에 심사 정보를 주고받는 정보 누설의 가능성을 미연에 방지하는 공정성을 더욱 기할 수 있습니다. 그러나 앞에서 언급한 대로 심사팀 간의 눈높이 차이를 어떻게 극복하느냐의 이슈가 발생할 수 있습니다.

심사팀 간의 눈높이 차이는 심사팀 간에 최종 평가 점수를 비교해 평균 점수로 밸런싱하는 방법을 사용하기도 합니다. 그래서 공정성을 높여나가는데, 제가 심사를 오랜 기간 여러 번 하며 스스로 통계를 내본 결과, 심사위원 간 평가의 오차 범위는 10% 안팎 정도였습니다.

예를 들어, 제가 합격을 시켜야 한다고 선정한 (예비)기업과 다른 심사위원이 선정한 (예비)기업의 차이가 10% 내외이고, 탈락 기업에 대한 시각도 거의 비슷하다는 것입니다.

심사위원들이 대부분 그날 처음 만나는 사람들이라 서로 토론하거나 의견을 주고받는 일이 없었음에도 피평가 (예비)기업을 바라보는 시각은 거의 비슷하다는 것입니다. 따라서 한 팀이 며칠간 계속 심사를 하든, 몇 개 심사팀이 하루에 나누어 심사를 하든, 공정성에는 큰 문제가 없다는 것입니다.

심사위원들은 어떤 분들로 구성이 될까요?

심사위원은 해당 지원사업에 대한 이해도가 높고 해당 분야에 전문성을 가진 분들로 구성됩니다. 대부분 해당 분야의 교수와 해당 분야 공공기관에 종사하는 분, 그리고 해당 사업에 대해 실무적으로 오래 일을 해오고 감각이 있는 기업인이나 컨설턴트, 그리고 창업 관련 종사자뿐만 아니라 액셀러레이터, 벤처캐피털 등 금융 종사자 같은 관련 분야에 대해 고도의 전문성과 경력 및 업력을 가진 다양한 사람들로 구성됩니다.

심사위원들은 심사를 받을 (예비)기업을 서로 다른 시각으로 자신의 분야에서 필요한 부분을 예리하게 바라보며 코멘트하고 심사합니다. 심사를 받는 (예비)기업 발표자로서는 부담감과 압박감이 느껴질 수는 있으나 심사위원들이 일부러 압박을 가하지는 않습니다.

그러면 여기서 '심사위원은 몇 명으로 구성될까?'라는 궁금증이 들수 있습니다.

통상의 경우, 심사위원의 숫자는 4명인 경우가 많습니다. 그러나 지원 금액의 크기나 정부지원사업의 목적과 난이도에 따라 서로 다르게 구성되는데, 제가 경험한 바로는 심사위원은 최소 4명, 많은 경우에는 10명까지 구성됩니다.

그리고 심사 진행 중 발생하는 돌발상황이나 미묘한 상황, 즉 합격과 불합격의 선상에 있는 동점 (예비)기업의 처리 등의 문제를 처리하기 위해 주심을 뽑아두는 경우도 있습니다. 정부지원사업을 주관하는 기관에서 미리 명망 있는 인사를 지명해놓는 경우도 있고, 현장에서 심사위원들이 상의해 선정하는 경우도 있습니다.

그럼, 심사위원이 어떤 자세와 마음가짐으로 평가를 하는지 말씀드리겠습니다.

피평가 (예비)기업을 심사하고 평가할 때, 심사위원은 심사 기준에 의거해서 스스로 책임지고 평가를 진행합니다. 특별하게 토론해 심사 결과를 도출하는 방식이 아닌 이상, 심사위원끼리 평가 의견을 나누지도 않지만, 혹시 누가 자기 의견을 말한다고 해도 거기에 흔들리지 않고 심사위원 자신의 책임과 판단으로 심사합니다. 그래서 심사가 끝난 후 심사 평가표에 각 (예비)기업별로 평가 점수와 평가 내용을 기록해 하나

하나 서명함으로써 심사위원으로서 책임을 다하겠다는 분명한 선언을 하게 됩니다.

과거에는 주관 기관에 따라 심사위원 모두가 동의하는 합의제 방식을 사용하기도 했지만, 최근 들어서는 그런 방식을 사용하는 평가 기준이 사라져가고 있습니다.

지금까지는 발표 심사를 중심으로 살펴보았는데, 지금부터는 서류 평가는 어떻게 하는지 알아보도록 하겠습니다. 서류 평가 심사장의 분위기는 발표자가 없을 뿐이지, 나머지 상황은 발표 심사와 거의 비슷하지만, 심사할 피평가 (예비)기업의 숫자는 발표 시간이 없는 만큼 2배 정도로 늘어나게 됩니다. 보통 30~50개 정도의 (예비)기업을 평가합니다. 그러나 평가 기준은 발표 평가와 동일합니다. 다만 심사위원의 성향이나 평가 스타일에 따라 평가가 종료되는 시간의 차이는 있습니다. 숙달된 심사위원은 심사 종료 시간 1시간 정도 전에 끝내는 경우도 있고, 더러는 심사 시간이 지나고도 심사가 안 끝나는 심사위원이 있기도 합니다.

그러나 대부분의 경우, 일찍 심사가 끝났다고 먼저 귀가할 수는 없습니다. 모든 심사위원의 심사가 끝날 때까지 기다렸다가 최종적으로 점수를 다 확인하고 평가표에 다 사인을 해야 심사가 끝나기 때문입니다.

　따라서 심사를 일찍 끝내는 것이 심사위원에게 별다른 혜택이나 의미는 없지만, 좀 자유스러운 분위기에서 준비된 다과를 즐기거나 여유를 부릴 수 있다는 점이 다른 정도라고 보면 될 것입니다.

　잠깐 점심 식사 시간에 대해 말씀을 드리도록 하겠습니다. 통상 오전 9시에 시작한 심사는 12시 정도가 되면 오전 심사가 끝나고, 주관기관에서 준비한 식사로 심사위원들이 함께 식사를 하게 됩니다. 예약된 식당에 가서 한꺼번에 모여 식사를 하거나 이동이 불편하거나 점심식사 시간이 많이 붐비는 위치일 경우, 준비된 도시락으로 식사를 하기도 합니다.

　이 점심 시간은 심사위원들 간에 서로를 소개하고 담소를 즐기는 유일한 시간이기도 합니다. 못 나눈 자기 소개 등 간단한 인사를 나누기도 하지만, 긴 대화로 이어지지는 않습니다. 보통은 식사를 서둘러 끝내고는 대부분 본인이 하는 일들을 정리하느라 정신이 없습니다. 각자 본인이 소속된 기관에 전화해 상황을 파악하기도 하고, 중요한 전화 통화 등을 하다 보면 주어진 1시간의 점심 시간도 거의 쉬지 못하고 끝나게 됩니다.

02

심사위원의 눈길을 끄는
발표자의 마음가짐과 태도

    발표자가 어색하고 당황스러운 마음을 뒤로하고 발표를 시작합니다. 보통의 발표자들은 깔끔하게 정장에 넥타이를 매고 있습니다. 통상 발표장에는 발표자 1명만 들어오지만, 1~2명이 함께 들어오는 것을 허락하기도 합니다. 따라서 피평가 (예비)기업은 발표자 이외에 함께 참석할 사람이 더 있는 경우, 주관 기관과 미리 상의하는 것이 좋습니다.

    그럼, 어떤 복장이 발표하는 데 어울릴까요?

    만일 주관기관에서 지정하는 드레스코드가 있다면, 그에 따라 복장을 갖추는 것이 좋습니다. 그러나 요즘은 대부분 드레스코드를 지정하지 않는 경우가 많습니다. 그렇기 때문에 복장은 발표자의 취향에 따라 정하면 됩니다.

그러나 메라비언의 법칙(The Law of Mehrabian : 대화에서 시각과 청각 이미지가 중요시된다는 커뮤니케이션 이론)에서 이야기하는 것처럼 첫인상은 매우 중요합니다. 첫인상은 웃는 얼굴 등 표정도 중요하지만, 자연스럽게 더 많은 분위기를 연출할 수 있는 복장을 잘 갖추는 것도 중요합니다.

복장을 갖추는 첫 번째 요소는 TPO입니다.

Time, Place, Occasion! 즉, 상황에 맞게 복장을 갖추라는 의미입니다. 더 정확하게 말씀드리면 본인이 발표하는 사업의 분위기와 어울리는 복장을 갖추는 것이 좋습니다.

발표하는 내용이 핀테크 등 금융 관련이라면 정장이 아무래도 신뢰감을 주기 때문에 좋습니다. 이런 경우는 넥타이 색상도 블루 계열 등 신뢰를 기반으로 하는 색감을 주면 더 좋습니다. 그러나 대부분의 경우는 캐주얼 정장 스타일이면 충분합니다.

가끔 스타트업의 자유분방함을 강조하기 위해 반바지에 반팔 티셔츠를 입고 나타나는 사람들도 있는데, 이런 경우는 호불호가 갈려서 '도' 아니면 '모'가 될 수 있으니 잘 고려해야 합니다.

캐주얼 정장 스타일을 잠깐 말씀드리면 윗옷은 어떤 종류이든 관계없지만, 옷깃이 있는 것을 입고 윗옷은 바지 안으로 들어가게 입으며,

긴바지에, 어울리는 신발을 신으면 됩니다. 즉 구두가 되었든 스니커즈가 되었든 복장에 적합한 신발을 신으면 됩니다. 가끔 깔끔한 정장 차림에 잘 어울리지 않거나 지저분한 스니커즈를 신고 있는 경우를 보는데, 이는 감점 요인까지는 아니지만, 좋은 인상을 주지는 못하게 되니 주의할 필요가 있습니다.

발표자는 이제 떨리는 마음을 잠시 내려놓고 편한 미소를 지으며 간단한 인사로 발표를 시작합니다. 가끔 우렁찬 목소리로 본인을 각인시키는 캐치프레이즈로 시작하기도 하지만, 심사위원과 공감대가 형성이 안 되면 안 하는 것보다 못하니 평범한 대화식 스타일로 시작하는 것을 추천합니다. 물론 상황에 따라 호불호가 바뀌게 되므로 현장 분위기를 보고 나름 용기 있게 시도해보는 것도 나쁘지는 않습니다.

준비한 자료에 동영상이나 특별한 데모 등이 포함된 경우, PC 환경에 따라 작동이 안 되거나 호환이 안 되는 경우도 있으니 사전에 담당자와 통화하거나 미리 방문해서 테스트를 해두는 것도 발표 중 작동이 안 되어 당황할 수 있는 상황이 벌어지는 것을 예방할 수 있습니다.

가끔 호환이 안 되는 동영상으로 인해 그것을 해결하느라 시간을 소비하는 경우도 있으니 그런 경우, 본인의 PC를 사용해 발표하겠다고 미리 통보하고 준비를 하는 것이 좋습니다.

발표는 준비한 대로 진행되는 것이 제일 좋습니다. 그러므로 사전에 모든 상황을 체크하는 것이 매우 중요합니다. 또한, 만일의 사태에 대비한 후보 계획(Plan B) 준비도 잊지 마시기를 바랍니다.

가끔 현장 분위기에 동요되어 준비한 대로가 아닌 현장에서 발표 내용을 바꾸어 발표하는 경우도 있는데, 제 경험으로는 이런 경우에서 좋은 결과를 본 적이 거의 없습니다.

발표자의 자신감 있는 태도가 중요합니다. 발표자가 자신이 없으면 발표하는 내용이 아무리 좋아도 신뢰감을 줄 수 없으므로 발표자 스스로 자신감 있는 태도를 갖추고 있어야 합니다. 자신감 있는 태도 중 하나는 심사위원과 일대일 아이 콘택트를 해나가는 것입니다. 아이 콘택트를 통해 자신감과 호소력 있는 태도로 발표를 준비하길 바랍니다.

가끔 자신감이 넘쳐 건방져 보이는 경우도 있는데, 매사 과유불급(過猶不及), 즉 넘치면 모자람보다 못하다는 고사성어를 기억하며 적정 선을 유지하도록 준비하는 것이 좋습니다.

목소리 톤이나 말하는 속도도 평상시 대화하듯 하는 것이 제일 좋습니다. 발표자가 떨리는 것은 당연한 것입니다. 오랫동안 준비하고 기대하며 여기까지 온 만큼 좋은 성과를 내기 위한 마음도 간절할 테고, 낯선 사람들 여러 명 앞에서 발표한다는 것이 익숙하지 않은 일이라 떨리고 불안한 마음이 드는 것은 당연한 현상입니다.

그러니 올림픽에 나가 금메달을 딴 안산 선수가 금메달 결승전에서 마지막 한 발을 쏠 때 되뇌었던 '쫄지 말고 그냥 대충 쏴'라는 말을 기억하며, 준비하고 연습한 대로 긴장하지 말고 발표하면 됩니다. 이를 위해 안산 선수나 유명 운동선수들처럼 자신만의 루틴을 가지고 그대로 진행해 심리적 안정감을 얻도록 하는 것을 추천합니다.

심사위원들은 '지원을 한 (예비)기업을 어떻게 하면 도와줄 수 있을까?'라는 마음으로 경청하는 사람들입니다. 그들이 누군가를 떨어뜨리려고 심사를 하는 것이 아니라 지원을 받을 만한 준비가 되어 있는가를 보는 사람임을 생각하고 마음속으로나마 심사위원과 깊은 교감을 하며 편한 마음과 자세, 그리고 복장 등을 준비한다면 좋은 결과가 나올 것입니다.

이를 위해 마음을 단번에 훔칠 메라비언 법칙을 이해하고 활용하기를 추천합니다.

메라비언 법칙
발표 현장의 분위기는 당신의 표정이 주관한다

우리는 살면서 많은 음악을 듣는다. 당신이 어떤 음악을 좋아한다면 그 이유는 무엇인가? 가사가 좋아서, 멜로디와 리듬이 좋아서, 반주가 좋아서, 부르는 가수의 목소리가 좋아서, 얼굴 표정과 외모가 좋아서, 가수가 감정이입을 잘해서, 가수의 무대 매너가 좋아서 등 여러 가지 이유가 있을 것이다.

때로는 아주 좋은 음악이라고 열광했는데 알고 보니 가사가 굉장히 이상한 메시지를 담고 있었다는 것을 나중에 발견하기도 한다. 이처럼 노래에 대한 우리의 이미지는 여러 요인의 복합적인 결과물이다. 즉, 멜로디나 가사 또는 가수가 좋아서 등 하나로 딱 집어 말하기 곤란한 경우가 많다.

의사소통 또한 마찬가지다. 예를 들어 상대방이 나에게 아무리 좋은 말을 하더라도 퉁명스럽게 말한다면, 어떤 느낌이 들까? 당연히 기분 나쁘게 들릴 것이다. 반대로 상대방이 나의 요청 사항을 거부하지만 웃으면서 부드러운 말투로 싹싹하게 말한다면, 오히려 호감을 갖게 되기도 한다.

우리가 사람들과 얼굴을 맞대고 의사소통을 할 때, 상대방은 우리의 어떤 면을 보고 전체적인 느낌을 갖게 되는 것일까? 얼핏 '우리가 입으로 말하는 언어가 제일 중요하지 않을까?'라고 생각할지 모른다. 하지만 자세히 알아보면 그렇지 않다.

의사소통을 할 때 내용 자체보다는 그것을 전달하는 방법이 훨씬 중요하다. 이에 대한 연구는 현재 미국 UCLA 명예교수인 심리학자 앨버트 메라비언(Albert Mehrabian)의 《침묵의 메시지(Silent Messages)》에 잘 드러나 있다.

그는 2번의 실험을 했다.

첫 번째 실험에서는 말을 하는 사람이 어떤 메시지를 상대편에게 전하려고 할 때 말의 의미와 목소리 톤, 즉 음색이 얼마나 중요한지를 조사했다. 그랬더니 말 자체의 의미보다 음색이 훨씬 중요하다는 결과가 나왔다. 예를 들면, 가라앉은 목소리로 상대편을 반기는 인사말을 했다면 상대편은 이 사람이 진정으로 자신을 반기는 것이 아니라는 것을 직감할 수 있었다.

두 번째 실험에서는 음색과 얼굴 표정 같은 비언어적 요소의 중요성을 조사했다. 그랬더니 음색과 표정의 중요성이 2:3이라는 결과를 얻었다. 예를 들면, 상대편이 당신과 나 사이에는 특별한 문제가 없다고 말하면서 서로 눈을 맞추는 것을 꺼린다거나 얼굴에 불안감이 보인다면 상대편의 진심은 나와의 관계에 문제가 있다는 것을 보여준다는 것이다.

그래서 이 요소를 종합해보니 사람 간의 의사소통에서 언어적 요소의 중요성은 7%에 불과하고, 청각적 요소는 38%, 시각적 요소는 55%를 차지하는 것으로 나왔다. 이렇게 나온 7:38:55 비율을 '메라비언 법칙'이라고 부른다.

우리는 일상에서도 메라비언 법칙을 종종 실감하게 된다. 단순한 의사소통 과정에서 본다면, 상대방이 일관성 있게 말을 한다면 아무런 문제가 없다. 하지만 상대방의 말투가 떨리는 것 같다거나, 자신감이 없게 들리는 경우도 있다. 게다가 팔이나 몸동작이 어쩐지 자신 없고, 부자연스럽다면 상대방의 말에 신뢰도가 떨어지게 된다.

우리가 '목소리만 들어도 안다' 또는 '눈빛만 봐도 안다'고 말하는 것이 바로 이런 경우를 말하는 것이다. 이는 학교나 직장, TV를 통해 듣는 강의에서도 마찬가지다.

발표자의 파워포인트가 화려하게 디자인되어 있고, 아무리 유창하게 발표를 하더라도 그가 하는 말에 신뢰가 가지 않는 경우가 있다. 이런 불신은 발표자가 말하는 내용과 말투, 눈빛, 시선, 몸짓에서 나온 어떤 불협화음 때문일 것이다.

우리는 어떤 모임에서 줄지어 서 있는 사람들과 연달아 악수해야 하는 상황을 접하기도 한다. 그때 악수는 바로 앞 사람과 하지만, 자신도 모르게 얼굴은 이미 다음에 악수할 사람을 향하고 있는 경우가 있다. 이런 경우, 바로 내 앞에 있는 사람은 어떤 느낌을 받을까? 내가 악수를 건성으로 하고 있다는 생각을 하게 될 것이다.

마찬가지로, 발표할 때도 심사위원을 바라보며 호소력 있게 말하는 것이 중요하다.

발표자는 메라비언 법칙을 통해 무엇을 알 수 있을까?

첫째, 발표할 때는 발표 내용뿐만 아니라, 말투, 얼굴 표정과 태도에도 신경 써야 한다. 자신의 메시지, 말투, 얼굴 표정이 서로 일치하지 않는다면, 심사위원은 발표자의 진심에 의문을 던질 것이다.

둘째, 발표자가 심사위원을 설득시키려고 할 때는 발표자가 미리 그 메시지의 내용을 충분히 숙지해 자기 것으로 만들어놓아야 한다. 만약 발표자가 영업사원이라면, 자기 제품에 대한 확신을 가져야 일관된 메시지와 자신 있는 태도로 고객을 설득할 수 있을 것이다. 그러므로 발표자는 발표 내용을 충분히 숙지하고 자신 있는 태도를 취해야 심사위원들이 발표자를 신뢰하고 발표 내용에 몰입해 높은 발표 효과를 거둘 수 있을 것이다.

03

발표자의 관점이 아닌,
심사위원의 관점이 필요하다

이제 본격적으로 발표를 하게 됩니다. 발표할 때는 자기가 준비한 것을 일방적으로 전달하는 것이 아니라 심사위원의 관점에서 발표하는 것이 중요합니다.

발표자는 발표하기 최소한 몇 달 전, 길게는 몇 년을 준비한 사업계 획이지만, 심사위원에게는 심사 당일 아침에 처음 접한 사업인데, 많은 피평가자와 발표자들이 이 사실을 간과합니다. 심사위원들이 다방면으로 경험도 있고 지식이 있어 발표자의 발표 내용을 처음 접하더라도 제대로 이해하는 경우가 대부분이지만, 가끔 '이 (예비)기업이 이 사업을 통해 뭘 하겠다는 거지?' 하며 발표 내내 발표 내용에 집중하지 못하고 사업의 본질 또는 비즈니스 모델을 캐치하느라 혼란스러운 경험을 한

적이 자주 있습니다.

　설사 심사위원이 발표 내용이나 비즈니스 모델을 캐치했다 하더라도 발표자와 심사위원 사이에는 분명한 정보 격차가 존재합니다. 정부지원사업 심사를 합격이냐, 불합격이냐의 관점으로 보지 말고 심사위원과 (예비)기업과의 교감의 기회라고 생각하는 것이 좋습니다. 심사위원들은 해당 분야에서 고도의 전문성과 깊은 인적 네트워크를 구성하고 있는 사람들이므로 단순히 심사자와 피평가자라는 관계를 넘어 '관계를 형성하면 좋겠다'는 마음으로 접근하는 것이 좋습니다.

　다시 말해서 발표를 단순히 심사의 목적으로 하지 말고, 심사위원과 교감을 하고 관계를 맺는 기회라고 생각하고 접근하라는 의미입니다. 모든 인간관계가 그렇지만 아는 만큼 보이고 아는 만큼 친근해집니다. 그러니 발표자는 대뜸 자기 (예비)기업의 강점과 준비한 일들을 자랑하려 들지 말고 발표하려는 (예비)기업이 누구인지, 무엇을 하려는지 명확한 설명을 먼저 하는 것이 좋습니다.

　자신의 입장이 아닌 심사위원의 입장에서 쉽게 이해할 수 있도록 자신과 (예비)기업이 무엇을 하는 곳이며, 무슨 목적으로 이 일을 하려는지 분명하게 알려주는 것이 우선시되어야 합니다. 그러려면 What – Why – How의 구조로 분명하게 설명할 수 있어야 합니다.

즉, 발표자와 (예비)기업은 '무엇을 하려고 하며, 그것을 하는 이유는 무엇이고, 그것을 잘하기 위해 이러한 방법을 사용하려 한다'라는 것을 60초 이내에 먼저 명확히 설명하고 시작하는 것입니다. 그리고 이 내용은 발표 중간에 한 번 더 강조하고 발표 말미에 강조해 심사위원의 머리와 가슴에 각인하는 것이 중요합니다.

만약 이 부분에서 실패한다면 심사위원들은 발표자가 제출한 사업계획서를 뒤적이며 사업의 본질을 찾느라 발표 내용에 집중을 하지 못하게 됩니다. 심사위원이 발표자의 발표 내용에 집중을 하지 못하는 상황은 발표자와 해당 (예비)기업에 큰 불이익을 초래합니다.

대부분 5분 내외의 발표 시간 동안 발표자와 (예비)기업을 소개해야 하기에 발표 내용이 고도로 압축될 수밖에 없습니다. 그렇기에 발표자의 한마디, 한마디가 매우 중요한 정보를 담고 있게 됩니다. 그런데 그것을 평가할 심사위원이 그 발표 내용에 집중을 못 하게 만드는 것은 자기 PR 기회를 스스로 걷어차 버리는 형국이 됩니다.

그뿐만 아니라 질의응답 시간에 발표자와 (예비)기업의 발전 방향과 비전 등을 묻고, 묻고 답하는 과정을 통해 장래성과 성장성 등을 평가하지 못하고 질의응답 시간 내내 사업의 본질만을 설명하고 끝나게 됩니다.

완전히 새로운 비즈니스 모델이라 설명이 어려워서 그런 상황이 발생하는 경우도 있지만, 자신이 무엇을 어떻게 하려는지 비즈니스 모델을 분명하게 설명하지 못해 발생하는 참사가 대부분입니다.

그렇기에 발표의 앞부분에서 발표자와 (예비)기업이 무엇을 하려는지 짧고 명확하게 설명할 수 있도록 준비하는 것은 매우 중요합니다.

심사를 하다 보면 이것이 안 되는 발표자와 (예비)기업을 많이 보게 됩니다. 그 이유는 본인들도 한마디로 어떻게 정의할지 모르기 때문입니다. 대부분 준비가 덜 되어 있거나 명확한 콘셉트를 잡지 못하고 아이디어만 가지고 사업계획을 만들어 심사를 받는 경우에 이런 일이 발생합니다.

많은 (예비)기업이 발표할 부분을 명확히 하고 시작하는 것의 중요성을 인식하지 못하는데, 발표 준비를 할 때, 이 부분에 많은 노력과 시간을 집중해야 합니다.

앞에서 언급했듯이 모든 인간관계와 마찬가지로 심사위원에게 발표자와 (예비)기업의 본질이 무엇인지를 명확하고 깔끔하게 설명하고 나면, 심사위원은 다른 행동을 멈추고 발표자에게 집중하게 됩니다.

집중하면 더 많이 보이게 됩니다. 집중하면 더 깊은 관계가 형성됩니다. 관계가 형성되면 더 애착이 가게 됩니다. 애착이 가는 만큼 심사위원의 마음은 움직이게 되어 있습니다. 관계가 형성되는 만큼 심사위원의 머리와 가슴에 남아 있을 확률이 높습니다. 심사위원의 머리와 가슴에 남아 있는 (예비)기업에게 좋은 소식이 들릴 확률은 매우 높습니다.

그런데 많은 발표자와 (예비)기업이 대뜸 자기 자랑부터합니다. "나는 이런 것을 잘하고 우리는 이런 준비를 해왔으며 앞으로 이런 것을 해서 크게 성공할 것입니다" 이런 식으로 말입니다.

그런데 정작 심사위원들이 '뭐로 그렇게 하겠다는 거지?' 고민하며 사업계획서만 뒤척이게 만든다면, 그 자랑은 허공에 대고 목적 없이 치는 꽹과리 소리와 다름없는 것입니다.

기억하십시오. 심사위원들은 발표자만큼 발표자와 (예비)기업에 대해 알지 못한다는 가장 기초적인 사실을 말입니다. 심사위원에게 여러분이 누구이며, 무엇을 하려는지 간단하고 명료하게 설명하지 못한다면, 그 심사는 매우 어려워질 수 있습니다.

04

발표 스킬은 중요하지 않다 :
솔직함과 진솔함, 그리고 열정으로 승부하라

많은 발표자와 (예비)기업이 발표 자료 PPT와 프레젠테이션 방법에 대해 고민도 많이 하고 준비도 많이 합니다. 발표 자료를 모두 외워서 해야 한다는 사람도 있고, 아나운서처럼 각 잡힌 자세로 발표해야 한다는 등 여러 가지 이야기들이 있습니다. 너무나 다양한 정보로 인해 발표자는 혼란스러울 수밖에 없습니다.

결론부터 말씀드리자면 PPT와 프레젠테이션이 주는 영향력은 그리 크지 않습니다. 가장 중요한 콘셉트가 명확하게 나타난다면, PPT와 프레젠테이션 테크닉의 영향은 거의 없다고 봐도 무방합니다. 과거에는 심사위원들이 발표자의 페이스에 말려들어 가는 경우가 있었지만, 이제는 심사위원이 발표자의 프레젠테이션에 현혹되거나 그 내용에 끌

려가지 않습니다.

심사위원들은 심사 내내 사업 아이템의 본질에 집중하기에 PPT를 어떻게 만들었는지, 그 자료를 가지고 어떻게 발표하는지에 따라 심사에 영향을 거의 받지 않는다는 것입니다.

다만 나쁜 PPT는 절대 안 됩니다. 또한 사업 내용을 숙지하지 못한 상태에서 하는 발표라면 낙방으로 향하는 지름길이라는 것만 분명하게 기억하면 됩니다.

먼저 PPT에 대해 말씀드리겠습니다.

좋은 PPT는 너무나 많습니다. 심사를 하다 보면 전문가의 손길이 느껴지는 PPT를 많이 접하게 됩니다. 그러나 내용이 먼저입니다. 내용과 콘셉트는 없이 그저 화려한 기교로만 이루어진 PPT는 심사위원들에게 아무런 감동도 주지 못합니다. 그러나 아무리 내용과 콘셉트가 좋더라도 나쁜 PPT는 감점 요인이 될 수 있습니다.

그러면, 나쁜 PPT란 무엇일까요?

내용이 부실하거나 산만한 경우입니다. 의외로 많은 발표자들이 이렇게 발표합니다. 산만한 이유는 이야기하고 싶은 것이 많기 때문입니다. 이는 뒤에서 자세히 다룰 '원픽' 전략이 적용되지 않았다는 뜻입니다. 짧은 시간 동안 수많은 것을 이야기하려니 산만해질 수밖에 없습니다. '원픽' 전략과 'USP' 전략은 발표에도 영향을 주게 됩니다.

될 수 있는 대로 단순하게 콘셉트를 잡고 그 콘셉트대로 사업계획서를 작성하고 그 사업계획서대로 발표 자료를 구성하고 시나리오를 만들어 발표한다면, 이 산만한 문제는 쉽게 해결할 수 있습니다. 절대로 복잡하거나 산만하게 PPT를 만들어서 발표하지 말아야 합니다.

콘셉트가 명확하면 PPT가 커다란 영향을 주지 못한다고 하더라도 PPT의 색감이 너무 튀고 산만해서 어지러운 경우는 배제해야 합니다. PPT에 사용하는 색감은 될 수 있으면 비슷한 톤을 유지하는 것이 좋고 3가지 색 이상 사용하지 않는 것을 추천합니다. 강조하기 위해 원색을 사용하는 것을 나쁘게 보지는 않으나 그것이 과해서 자극적이다 보면 종일 PPT를 쳐다보는 심사위원의 피로도만 가중시킬 수 있다는 점도 고려하는 것이 좋습니다.

사용하는 폰트도 마찬가지입니다. 너무 많은 종류의 폰트를 사용해서 글자의 크기와 모양, 서로 다른 글자체 등을 어지럽게 사용하는 경우도 좋지 못한 PPT의 사례입니다.

이러한 내용만 주의한다면 PPT에 굳이 돈을 들여 전문가의 손을

빌리거나 많은 시간을 공을 들일 필요는 없습니다. PPT는 가독성이 있도록 요점 위주로 작성하는 것이 좋습니다.

가독성과 전달성을 높이기 위해 도형이나 그림 등을 넣는 것은 추천합니다. 물론 가독성과 전달성을 높이기 위한 노력은 필요하지만, PPT 때문에 가점을 받는 경우는 거의 없다는 것을 유념하면 좋겠습니다.

그렇다면, 발표 즉 프레젠테이션은 어떻게 하는 것이 좋을까요? 이 또한 발표자와 (예비)기업에서 스트레스를 많이 받는 부분인데, 그렇게 스트레스를 받지 않아도 됩니다.

발표할 때 중요한 점에 대해서 말씀드리겠습니다.

먼저, 쉽게 말하기입니다. 굳이 어려운 용어를 써가며 어렵게 발표하지 않아도 됩니다. 그리고 필요하면 자신의 분야에 대한 전문용어를 사용해도 됩니다. 심사위원은 그 용어들을 이해할 역량이 있으므로 용어를 편하게 사용하면 되지만, 구태여 전문성 있게 보이려고 어려운 용어를 쓰는 것은 심사위원에게 별로 어필하지 못한다는 점을 기억하기를 바랍니다.

다음으로, 대화하듯 발표하면 됩니다. 웅변하는 듯이 오버하며 발표할 필요는 없습니다. 심사는 사업에 대해 평가하는 것이지, 발표자의 발표 능력을 점검하는 자리가 아님을 기억하십시오. 편안한 마음과 자세로 대화하듯이 발표하는 것이 제일 좋습니다.

발표의 시작은 콘셉트를 설명하는 것으로 하고, 발표의 마지막 부분은 발표 내용, 즉 (예비)사업이나 (예비)기업에 대한 요약 정리로 마무리하면 됩니다. 첫 부분의 콘셉트와 마지막 부분의 요약 정리는 심사위원의 머리에 각인시키는 효과가 있음을 기억하기를 바랍니다.

강조해야 할 중요한 내용은 숫자를 붙여 3개 정도로 정리해서 발표합니다. 장황한 설명은 별로 도움이 되지 않습니다. 자랑하고 설명하고 싶은 내용이 많더라도 최대 3개를 넘지 않도록 하는 것이 좋습니다.

논리보다 공감을 얻기를 바랍니다. 논리적으로 심사위원을 설득하기는 쉽지 않습니다. 논리적으로 접근하려면, 비즈니스 모델이 남들보다 탁월하거나 누구보다 앞선 최초라는 점을 증명하지 않는 이상, 좋은 점수를 받기 어렵습니다.

하지만 공감을 얻으면 남들과 다른 평가를 받을 수 있습니다. 그러려면 이성에 호소하기보다 스토리텔링으로 자신이 이것을 왜 하게 되었는지 자신만의 스토리를 설명할 수 있어야 합니다. 논리보다는 공감을 얻는 방향으로 발표하십시오.

매우 당연한 말이지만, (예비)사업 내용을 분명하게 숙지하고 발표해야 합니다. 그런데 자기가 지금 무얼 발표하고 있는지조차 모르는 경우도 발생합니다. 그런 경우의 대부분은 발표자가 갑자기 바뀌는 경우입니다.

무슨 사정이 있어 준비된 발표자가 아니라 다른 발표자로 갑자기 대체해 나오는 경우가 있는데, 이 경우 준비가 안 되고 내용도 모르고 나타나기도 합니다. 이럴 때를 대비해 발표 후보자를 미리 선정해 함께 내용을 공유하며 철저히 준비해야 합니다.

발표할 때 제일 중요한 것은 솔직함과 진솔함, 그리고 열정입니다. 인위적이고 작위적으로 발표하는 것은 다 표시가 납니다. 자신이 얼마나 치열하게 이 (예비)사업을 준비해왔는지 솔직 담백하게 발표할 때, 심사위원들도 공감합니다.

그리고 그 일을 위해 얼마만큼 준비하고 땀을 쏟았는지 준비 과정과 그 일에 대한 열정을 보여주면, 점수는 자연스럽게 좋게 받게 될 것입니다.

떨지 않고 잘하려고 너무 애쓰지 않아도 됩니다. 떨리는 목소리, 그리고 순진함과 어색함 등은 오히려 가점으로 작용할 수 있습니다. 얼굴에 철판을 깔아놓은 듯 여유가 넘치는 모습보다 떨리는 모습이 더 좋을 수도 있으니 큰 부담 갖지 말고 편하게 준비해도 됩니다.

　끝으로 강조할 부분은 항상 결론부터 말하는 습관을 들이라는 것입니다. 결론을 말하고 난 후에 그에 대한 보완 설명이 이루어지는 발표 습관을 지니시기 바랍니다.

05

질의응답에 대처하는 자세 :
설득이 아니라 경청과 공감이다

발표 시간이 지나면 질의응답 시간이 다가옵니다.

발표는 본인의 의지와 방법, 그리고 발표자가 구성한 시나리오대로 진행이 되지만 질의응답 시간은 본인의 준비와 시나리오대로 진행이 되지 않습니다.

많은 (예비)기업들이 발표를 잘해놓고 질의응답 시간에 대처를 잘못해 소중한 기회를 날려버리는 안타까운 상황을 자주 목격하게 됩니다.

질의응답은 절대로 시나리오대로 진행이 안 됩니다. 그래서 미처 준비하지 못한 질문을 받게 되면 많이 당황하게 되는데, 이때 몇 개의 원칙만 기억하고 있으면 대처에 큰 도움이 됩니다 일단 사업의 본질과 콘셉트는 발표 시간에 설명과 설득이 끝나야 합니다. 사업 아이템과 비즈니스의 콘셉트를 발표 시간에 완전하게 납득시키지 못하면 결국 질의응답 시간에 심사위원들의 질문을 통해 콘셉트를 설명해야 합니다.

질의응답 시간은 발표자가 시간의 제약으로 미처 다 발표하지 못한 부분을 심사위원의 질문을 통해 자연스럽게 자신들이 시행한 지금까지의 준비 상황과 자신들이 가지고 있는 강점 등을 소개할 기회로 삼아야 하는데, 콘셉트와 사업 아이템에 대한 이해가 부족해 이에 대한 설명을 하느라 이 좋은 기회를 놓치게 된다면, 매우 불리한 상황이 될 수 있습니다. 그러므로 콘셉트 설명은 반드시 발표 시간에 끝내야 하는 것을 명심해야 합니다.

혹시 이해가 부족한 심사위원이 콘셉트나 사업 아이템에 대해 질문을 한다고 하더라도 간단명료하게 정리된 콘셉트를 다시 설명함으로써 발표자와 (예비)기업이 준비된 (예비)기업임을 밝히는 자리로 자리매김할 기회로 삼아야 합니다.

만일 여기서 답변을 중언부언하게 되면 앞에서 잘 발표한 좋은 인상을 잃어버리게 되고, 아까운 시간만 까먹는 형국이 될 수 있으니 콘셉트 설명은 준비한 대로 간단명료하게 끝내도록 합니다.

심사위원이 직접 가르쳐주는
정부지원사업 합격 노하우

또한 질의응답 시간의 기본 자세는 솔직함과 당당함입니다. 솔직함이란, 자신이 준비하고 잘할 수 있는 것은 당당하고 자신 있게 설명하지만, 준비되지 못했거나 미처 생각하지 못한 질문이 나온다면 솔직하게 "거기까지 생각하지 못했다"라고 시인하는 것입니다.

어설프게 평상시 상식 수준의 대답을 했다가 심사위원이 더 깊은 질문을 하게 되면 당황해 답변도 못 하고 시간만 까먹게 되고 솔직하지 못하고 준비되지 못한 (예비)기업이라는 인상만 심어주기에 십상입니다. 질의응답 시간의 기본적인 자세는 솔직함과 당당함입니다.

질의응답 시간에 발표자의 견해와 다른 시각으로 심사위원이 문제를 제기할 수 있습니다. 이런 경우 명백한 데이터와 과학적 근거로 설명하고 설득할 자신이 없다면, 심사위원의 다른 견해를 존중하고 수용적인 자세를 취하십시오.

심사위원들은 해당 분야에서 많은 경험과 식견을 가지고 있는데, 근거가 빈약하거나 어설픈 반박은 그 논쟁의 늪으로 들어가 다른 이야기는 하나도 하지 못하고 결국 해결되지 않은 논쟁의 상태로 시간이 지나 질의응답 시간이 끝난다면, 해당 팀에게 좋지 않은 평가가 나올 수 있음을 명심해야 합니다.

과거에는 심사위원들이 공격적인 질문이나 의견제시를 많이 하곤 했는데, 최근에는 그런 일이 거의 없습니다. 그렇다고 해서 심사위원들의 날카로움이 무뎌졌다는 것은 아닙니다. 과거에는 그것을 공격적으로 표현했다면 지금은 표현을 완곡하게 하거나 표현을 자제하되, 평가에는 분명하게 반영하는 식으로 변했다는 것입니다.

그래서 과거에는 심사장 분위기만 보더라도 결과를 예측할 수 있었으나 지금은 그렇지 않습니다. 따라서 과거에 비해 더욱 세심한 준비와 자세가 필요합니다.

한마디로 표현하자면 질의응답 시간은 발표자와 심사위원이 논쟁하고 싸워서 이기고 쟁취하는 과정이 아니라 서로가 경청하고 수긍하고 이해해가는 과정이라는 것입니다. 심사위원이 명백하게 잘못된 내용을 말하지 않는 이상 심사위원의 애정 어린 충고라고 생각하고 감사하게 받아들이고 "차후에 사업계획에 반영해 준비에 차질이 없도록 하겠다"라고 말하는 것이 좋습니다.

논쟁에서 이기고 점수에서 지는 우를 범하지 않았으면 좋겠습니다. 질의응답 시간은 불편하고 힘든 위험한 시간이지만, 마음먹기에 따라 따라 좋은 기회로 활용할 수도 있습니다. 질문을 지혜롭게 잘 받아넘기고 자신들이 준비한 것을 과하지 않는 범위에서 적극적으로 피력하는 기회로 삼아야 합니다.

질의응답을 하다 보면 다양한 형태의 사람을 보게 됩니다.

그 유형을 나누어보면 다음과 같이 나뉠 수 있는데, 모두 장단점이 있으므로 어느 스타일이 좋고 나쁨을 떠나 자신이 어디에 속하는지를 확인하고 보완해야 할 부분을 보완하고 숙지해 질의응답에 임하면 좋은 결과가 있을 것입니다.

비굴형(읍소형)

매사 심사위원의 의견에 수긍하고 따라다니는 유형입니다. 자신의 확실한 의견은 없고 잘 부탁한다는 읍소만 하는데, 소신이 부족해 보여서 믿음이 덜 가는 유형입니다.

홍당무형

질문만 하면 얼굴이 빨개지고 당황을 하며 질문에 제대로 답변하지 못하고 혼자 우물거리다 끝나는 유형입니다. 이 역시 믿음이 덜 가는 타입입니다.

동문서답형

또 다른 유형의 사람은 질문과 관계가 없는 다른 답변을 계속하는 사람입니다. 답변을 중간에 중지시키고 다시 물어도 동문서답을 하는 이런 스타일은 말하기보다 듣는 연습을 더 하는 것이 좋습니다.

TMI(Too Much Information : 정보과다)형

일명 속사포형으로, 질문을 기다렸다는 듯이 질문과 동시에 본인이 준비하거나 아는 내용을 모두 다 쏟아부을 태세로 장황하게 설명하는 스타일입니다. 마치 이 기회를 놓치면 세상이 멸망할 듯 하나를 물어보았는데 10개 이상을 말하고 설명하는 사람입니다. 썩 호감이 가는 스타일은 아닙니다.

꼰대형

나이와 관계없이 꼰대 스타일로 답변을 하는 유형입니다. 꼰대의 특성 중의 하나가 '나는 이미 이런 경험 다 해봤어! 그리고 그것에 대한 지식도 충분해!'라는 생각으로 심사위원을 가르치려 드는 유형입니다.

이런 유형은 대부분 TMI형의 특성까지 함께 가지고 있는데, 이런 유형의 발표자들은 자신의 경험과 지식이 많다 보니 자기도 모르게 가르치려는 스타일로 질의응답에 임하게 됩니다. 신뢰가 가기보다는 '그렇게 잘났는데 여기는 왜 왔지?'라는 생각이 드는 경우가 더 많습니다.

이런 스타일은 나이와 관계없이 오랜 기간 준비한 사람에게 공통적으로 나타나는 특성인데, 적절한 선에서 심사위원과 밀고 당기기를 하는 지혜가 필요한 유형입니다.

06

심사위원은 어떤 방식으로 평가할까? :

평가 프로세스 이해하기

심사위원들은 심사장에서 어떤 방식으로 심사를 진행할까요?

심사를 하는 방식이 정해져 있지는 않기에 심사위원마다 각자 가장 효율적인 방식으로 심사를 하게 됩니다. 여기서는 제가 주로 시행하는 평가 방식을 소개하려 합니다.

그리고 이 방법은 저만 사용하는 방식이 아니라 대부분의 심사위원들이 채택하고 있는 방식이기도 합니다. 심사위원이 심사하는 방식을 잘 이해하고 그에 맞는 전략을 수립하는 것은 합격에 큰 도움이 될 것입니다.

일단 심사위원들은 TV 경연 프로그램처럼 해당 팀에 대한 평가를 발표가 끝난 후 바로 시행하지 않는다는 점을 인식할 필요가 있습니다. 정부지원사업 심사 평가는 TV 경연 프로그램과 달리 발표가 모두 끝난 후 하는 경우가 보통입니다. TV 경연 프로그램처럼 발표 후 평가한 점수를 즉시 제출하는 방식이 아니라는 것입니다.

발표가 모두 끝난 후 최종적으로 각각의 (예비)기업에 대한 평가표와 발표 (예비)기업의 순위를 작성해 제출합니다. 물론 발표 직후 평가표를 작성하고 그대로 제출하는 심사위원도 있지만, 대부분 발표를 모두 마친 후 평가표를 작성하게 됩니다.

이렇게 하는 이유는 합격시켜야 할 (예비)기업의 수가 정해져 있기 때문입니다. 즉, 20개 발표(예비)기업 중 10개 (예비)기업만을 합격시켜야 한다면, 후보 기업 중 역량이 부족해도 10개에 포함되는 (예비)기업이 생기기도 하고, 반대의 경우처럼 역량이 뛰어남에도 불구하고 더 뛰어난 (예비)기업이 많아 탈락하는 경우가 발생할 수 있다는 것입니다.

그렇기에 심사위원은 발표를 듣고 일단 3개의 카테고리로 해당 (예비)기업을 분류해놓습니다.
- 반드시 합격해야 할 준비가 잘된 (예비)기업
- 합격점을 주기에는 준비가 미흡한 (예비)기업
- 앞의 1, 2의 분류에 들어가기 애매해 판단을 유보한 (예비)기업

일단 이런 방식으로 분류해놓은 후, 발표가 모두 끝나면 각 기업의 발표 내용을 반추해가며 상세하게 평가표를 작성하게 됩니다. 물론 발표 직후 평가를 연필로 작성해두지만, 발표가 모두 끝난 후 실제 평가 점수를 볼펜으로 명확히 하는 것입니다.

그런데 문제는 확정 점수를 부여해 최종적으로 평가 점수별로 순위를 매기는 시간이 많지 않다는 것입니다. 많아야 30분 정도의 시간밖에 없습니다. 그 짧은 순간 발표 시 메모해두었던 내용과 발표한 내용을 기억해내어 최종 점수를 부여하는 것입니다. 그리고 그 점수별로 각 심사위원의 순위가 매겨지게 됩니다.

그 후에 각 심사위원의 점수가 모두 합해져서 총점이 매겨지고, 그 총점이 높은 순서로 합격 (예비)기업이 선정되는 것입니다.

그렇기 때문에 발표가 모두 끝날 때까지 심사위원의 기억과 인식에 분명하게 각인되는 것이 매우 중요합니다. 특히 판단 유보로 분류해놓은 (예비)기업의 경우, 심사위원의 기억과 인식에 선명하게 콘셉트를 남겨놓았다면 합격 기업으로 분류될 확률이 높다는 것입니다.

이처럼 심사위원들이 어떤 방식으로 심사 평가표를 작성하는지만 알아도 콘셉트를 명확히 해서 심사위원의 머리가 아닌 감성에 남아 있을 대책을 세우는 데 도움이 됩니다.

07

정부지원사업의 정확한 목적을 알면
합격의 길이 보인다

그러면 정부와 지방자치단체는 왜 많은 돈을 들여가며 여러분들에게 지원을 하려는 것일까요?

아마도 다음의 2가지가 주된 목적일 것입니다.

첫 번째는 청년 등 여러 계층이 안고 있는 실업 등의 문제 해결이고, 두 번째는 사회에서 발생하는 구조적인 문제 해결입니다.

그렇다면 정부나 지방자치단체는 어떤 요소를 가지고 정부지원사업의 성공 여부를 판단하고 국회나 감사원 또는 지방 의회나 감독기관의 평가를 받을까요?

여러 가지 정성적인 평가 요소가 있을 수 있지만, 주요 정량적 평가 요소는 다음의 2가지입니다.

첫째, 정부지원을 받은 기업개인의 매출,

둘째, 정부지원을 받은 기업개인이 고용한 종업원의 수입니다.

정부나 지방자치단체는 다른 많은 평가 요소 중에서도 정량적인 매출과 고용에 목숨을 건다고 해도 과언이 아닙니다. 이 2가지가 국민의 먹거리, 즉 생존과 가장 밀접한 관련이 있기 때문입니다.

그렇기 때문에 정부지원사업 심사의 궁극적 지향점은 매출과 고용에 있음을 늘 기억해야 합니다. 정부나 지방자치단체가 겉으로 대놓고 말하지는 않지만, 정부지원사업을 신청한 여러분의 자아 성취나 아이디어의 검증과 같은 것에는 전혀 관심이 없습니다.

물론 정부나 지방자치단체에서 소외계층들의 자아 실현과 정서적 안정 등을 목표로 하는 사업도 있지만, 창업이나 기업의 발전을 위한 지원사업의 경우, 그 목표는 분명하게 매출과 고용임을 분명하게 인지해야 합니다. 그래야 심사위원에게 엉뚱한 발언을 하지 않을 수 있습니다.

그리고 매출과 고용의 2가지 정량적 요소 중 더 강조하는 부분이 있다면, 그것은 고용입니다. (예비)기업이 정부지원사업을 받아 매출이 증대된다면, 당연하게 기업이 성장할 것이고, 그 성장 과정에서 고용도 증대될 것입니다.

그러나 매출은 늘어도 고용이 늘지 않는 경우도 발생합니다. 이런 경우, 정부나 지방자치단체는 설사 매출이 천천히 증대해도 고용이 더 빨리 늘어나는 사업이나 사업 아이템을 더 좋아한다는 사실을 기억하고 사업계획서 작성에 반영하는 것이 좋습니다.

Chapter 2

합격은 준비에 있다!
심사위원을
감동시킬
준비를 하라

01

준비하지 않으면 반드시 실패한다 :
준비해야 하는 것은 사업계획서가 아니다

정부지원사업에서 탈락하는 대부분의 경우는 준비 부족입니다.

많은 사람들이 정부지원사업 소식을 듣거나 공고를 보고 준비를 합니다. 그런데 그런 경우 대부분 좋은 결과를 얻기 힘듭니다.

준비란 무엇일까요?

많은 (예비)기업이나 사업계획서를 준비하는 사람들이 착각하는 부분이 지원사업의 사업계획서를 잘 쓰는 것이 준비라고 생각합니다. 그래서 시중에 나와 있는 많은 정부지원사업 도전 및 방법 가이드북들을 사서 보거나 강의를 들으면서 사업계획서를 작성합니다. 그리고 그런 책들의 대부분이 사업계획서를 잘 쓰는 방법론에 치우쳐 있습니다.

책도 읽고 강의도 듣고 그것이 제시하는 방법대로 사업계획서를 열심히 작성하지만, 성공 확률이 그다지 높지 않습니다.

왜 그럴까요? 다시 말하지만 정부지원을 받을 준비가 되어 있지 않기 때문입니다. 준비란, 사업계획이 아니라 본인과 함께하는 팀이 그 일을 할 수 있는 제반 여건을 마련해놓았다는 것을 의미합니다.

마음 자세가 되어 있어야 하고, 그 일에 대해 깊은 고민 속에 통찰과 이해가 있어야 하고, 그것을 해본 경험이나 할 수 있는 경험이 있어야 합니다. 만일 그런 것이 없다면 그것을 이룰 만한 기술이나 네트워크 등이 준비되어 있어야 한다는 것을 의미합니다.

정부지원사업을 보고 지원할 마음이 생겨서 사업계획을 준비한다는 것은 본능적인 잠재 능력의 발현이라고 볼 수도 있겠지만, 대부분 몇천만 원 또는 몇억 원을 무상 내지는 유리한 조건에 지원받을 수 있다는 문구에 현혹되어 충동적으로 반응한 것일 수 있습니다.

없던 사업 아이디어가 정부지원상업 공고를 보고 떠오를 수도 있습니다. 그 아이디어를 존중하고 그 아이디어가 잘 자라 크게 성공하기를 소망하지만, 그 아이디어가 사업화해 시장에 적용 가능한 것인지는 별개의 문제입니다.

그래서 준비는 순간적으로 떠오른 아이디어를 사업화한다는 것이 아니라 실제 사업을 할 수 있는 여건을 준비하는 긴 시간을 의미합니다. 준비하는 데 시간이 걸린다는 말입니다.

정부에서 지원하는 돈은 여러분의 성공을 전제로 하고 있지는 않지만, 그렇다고 검증되지 않은 여러분의 아이디어 검증비로 제공되는 것도 아닙니다.

여러분의 아이디어와 경험 또는 통찰이 정부의 지원금을 사용해 실제화되고 구체화되어 성공 확률을 높여주기 위해 제공되는 것이지, 잠깐 떠오른 아이디어가 작동할지 검증할 비용으로 주어지는 것이 아니라는 사실을 기억해야 합니다.

그렇다면 사업계획서 작성 이전에 여러분은 스스로 자신이 준비된 사람인지 먼저 돌아봐야 할 필요가 있습니다. 자신이 이 일에 대해 평상시 어떤 관심을 가지고 대해왔으며 어떻게 그 일을 대처하려고 행동해왔는지가 없다면 그것을 만들어낼 시간을 먼저 거친 후 사업계획서를 만들라는 것입니다.

사업계획서에 여러분의 노력 흔적이 없다면 그 사업계획서는 그럴듯한 미사여구를 갖다 붙인 대행사나 컨설팅사의 아이디어 짜깁기에 불과할 수 있습니다.

심사위원들은 사업계획서를 무수히 많이 접해본 사람들이기에 실질적인 내용이 담긴 것과 미사여구로 그럴듯하게 포장된 것을 한눈에 알아볼 수 있다는 것을 기억해야 합니다.

사업계획서 작성이란 여러분이 그동안 행동해왔던 파편들을 모아 할 수 있다는 것을 증명하는 보고서라는 사실을 기억해야 합니다.

예를 들자면 그동안 자신의 블로그에 올려놓았던 글들, 그리고 그 글들을 보고 같은 생각을 한 사람들과 교감한 내용과 그 교감한 사람들과 그 문제의 해결을 위해 어떤 노력을 해왔는지가 사업계획서에 나타나야 합니다.

그래서 그런 일들을 '이제까지 아마추어 수준이나 동호회 스타일로 준비해왔는데, 이제는 정부지원을 받아 전문적으로 해봐야겠다. 그러니 나에게 지원금을 달라!'라고 하는 당당함이 묻어나는 사업계획서가 성공 확률이 높다는 것입니다.

이렇게 준비된 사람은 정부지원금이 없어도 성공 확률이 높을 뿐만 아니라 돈이 필요 없다고 해도 지원해주겠다고 쫓아다니는 사람이 생기게 됩니다. 그러니 준비는 그 사업에 대한 흔적과 파편이 남아 있다는 것을 의미합니다.

그렇기에 준비는 아이디어가 아니라 시간인 것입니다.

준비가 안 되셨나요? 그렇다면 지금부터 준비하면 됩니다.

최소 6개월 전이나 1년 정도 혹은 또는 더 길게 잡고 준비를 해나가야 합니다. 그래야 한 방에 합격을 하지, 그런 준비 없이는 문만 두드리다 지쳐서 포기하게 됩니다. 그리고 이런 준비가 된 사람은 설사 한두 번 떨어진다 해도 그 실수만 잡으면 곧 합격하게 되고, 사업의 성공 확률도 높아집니다.

02

심사위원들이 관심을 가질 만한
사업 아이템을 선정하는 꿀팁 6단계

정부지원사업에 지원을 하기 위해서는 명확한 사업 아이템이 중요합니다. 두루뭉술한 사업 아이디어로는 사업계획서를 만들기도 쉽지 않지만, 사업계획서를 만들었다 하더라도 구체적이지 않거나 심사위원의 관심을 끌기가 어렵습니다.

따라서 정부지원사업을 준비하기 위해서는 사업 아이템을 명확하게 선정하고 준비하는 것이 중요합니다. 그럼, 지금부터 심사위원의 관심을 끌 만한 사업 아이템 선정하는 꿀팁을 말씀드리도록 하겠습니다.

가장 먼저 'What', 즉 '어떤 사업 아이템을 선정하는가' 하는 선정방법에 대해 말씀드리도록 하겠습니다.

사업 아이템은 (예비)사업자가 고객에게 제공하는 제품이나 서비스를 의미합니다. 사업 아이템 선정의 시작은 고객의 페인 포인트(pain point), 즉 고객의 불편한 점을 찾아내 해결하는 것으로부터 출발합니다.

많은 지원자들이 단순한 본인의 머리를 스치는 아이디어나 영감을 가지고 시작하거나 또는 좋은 사업 아이템이 없어서 정부지원사업에 지원을 못 한다고 하는데, 사실 좋은 사업 아이템은 우리가 관심만 가지고 살펴본다면, 일상을 살아가면서 우리 주변에서 쉽게 발견할 수 있습니다.

몇 가지 예를 들어보겠습니다.

- 빈집도 많고 빈방도 많은데 왜 다 똑같이 생긴 호텔에서 개성 없이 묵어야 하냐며, 현지 사람과 호흡하고 누리는 문화를 체험하고 싶다는 소망에서 에어비앤비가 시작되었습니다.
- 바쁜 사회생활 속에 장 볼 시간마저 없는 현대인들에게 새벽에 신선한 식품을 전달하는 새로운 가치를 제공하기 위해 마켓컬리가 시작되었습니다.
- 나이 든 복덕방 아저씨와 함께 일일이 방을 보며 살 집을 구하러 다니는 번거로움과 불편 때문에 직방이 시작되었습니다.
- '빈 차로 다니는 자가용이 많은데 왜 매번 택시를 잡는 어려움을 겪어야 하나?'라는 질문에서 우버가 시작되었습니다.

- 흩어져 있는 계좌와 서로 다른 은행 앱을 일일이 열어 송금하고 은행이 다르다는 이유로 비싼 송금 수수료를 내야 하는 불편함 때문에 토스가 출시되었습니다.
- 창업자들에게 부담이 되는 사무실의 비싼 보증금과 임대료 문제를 해결하기 위해 위워크가 시작되었습니다.
- 자동으로 인식해주는 명함 관리 앱으로는 매번 잘못 입력된 내용을 고쳐야 하는 번거로움 때문에 수천 장의 명함을 꼼꼼하게 체크하고 관리해주는 리멤버가 시작되었습니다.

그 밖에 많은 기업들이 주변의 사소한 불편함, 불만족을 해결하기 위해 시작되었으며, 정부지원사업에 대한 도전 사업 아이템도 여기서 시작하는 것이 제일 좋습니다.

우리 주변에는 해결해야 할 불편한 점이 여전히 많이 있습니다. 사업 아이템은 삶 속에서 자연스럽게 바라보는 불편함을 해결해주는 것에서 시작하면 됩니다. 다만 그 불편함을 당연하게 받아들이지 않는 생각과 삶의 태도가 중요할 뿐입니다.

자신의 불편함 뿐만이 아니라 주변 사람들의 불편함과 어려움에도 귀를 기울여본다면, 더 많은 사업 아이템을 발견할 수 있습니다.

그럼 사업 아이템을 고르는 꿀팁 6단계를 공개합니다.

- TO-BE : 고객이 불편해하거나 개선하고 싶은 고객의 원하는 그림은?
- AS-IS : 현재 상황은?
- GAP : 현재 상황과 고객이 원하는 그림 사이에 존재하는 갭은?
- SOLUTION : 존재하는 갭을 최소화할 수 있는 핵심 솔루션은?
- ACTION PLAN : 솔루션을 이행할 구체적 실행 방안은?
- EXPECTED EFFECT : 그 실행 방안으로부터 기대할 수 있는 효과는?

요리라고는 라면밖에 끓일 줄 모르는 사람이 누군가에게 요리해주고 싶거나 자신이 더 좋은 요리를 해 먹고 싶다는 발상에서 밀키트 비즈니스가 시작되었습니다.

그러니 일어나서 출근 준비를 하는 것에서 시작해 아침밥을 먹고 지하철을 타러 가고, 스마트폰을 보며 뉴스를 검색하고, 여행을 하면서 맛집을 찾는 모든 과정에서 나타나는 불편함에 관심을 갖고 하나하나 기록을 해나간다면, 훌륭한 사업 아이템을 발견할 수 있습니다.

그리고 지금 겪고 있는 문제를 해결하는 기존의 솔루션(유사 서비스, 잠재 경쟁사)에 부족한 점은 없는지, 개선할 점은 없는지 꼼꼼하게 분석

해보는 것도 좋은 방법의 하나입니다. 이른바 '줍줍'으로 사업 아이템을 선정하는 방법입니다.

여러분의 사업 아이템이 기존 솔루션보다 쉽거나, 싸거나, 빠르거나, 편하다면 사람들은 여러분의 서비스나 제품을 사용할 것입니다. 그것이 혁신이고 발전이고 창조성인 것입니다.

사업 아이템을 선정하기 위해 고려해야 할 사항들을 말씀드리겠습니다.

사업 아이템 선정에 있어 제일 먼저 고려해야 할 사항은 '사업을 하려는 사람(창업자)이 잘하는 분야인가?' 하는 점입니다. 사업 아이템 선정을 할 때 제일 좋은 이상적 상황은 창업자가 제일 잘하는 것과 창업자가 제일 좋아하는 것, 그리고 시장이 원하는 것의 교집합입니다. 이른바 스위트 스폿(Sweet Spot - 골프채, 라켓, 배트 등으로 공을 칠 때, 많은 힘을 들이지 않고 원하는 방향으로 멀리 빠르게 날아가게 만드는 최적 지점)을 찾는 것입니다.

사업의 초창기에는 창업자와 소수의 사람이 모든 일을 도맡아 해야 하므로 창업자가 잘하지 못한다면, 성과가 나지 않아 성공하기 어렵습니다. 그리고 좋아하지 않는 일을 계속해야 한다면, 오래 버틸 수 없고 성과가 나온다고 하더라도 마음이 늘 허전할 것입니다.

좋아하긴 하는데 잘하지 못한다면 그것은 취미활동으로 해야 하는 영역입니다. 더구나 창업자가 잘하고 또 좋아하는 아이템이라 하더라도 시장이 원하지 않는다면, 창업자는 만족할지 모르지만, 생존력과 지속성이 떨어질 수밖에 없습니다. 창업자가 좋아하는 일 중에서 잘할 수 있고, 고객들도 원하는 아이템을 찾는다면, 그것이 바로 사업 아이템이 될 것입니다.

다음으로 고려할 사항은 '트렌드'입니다. 사업 아이템에도 타이밍이 중요하다는 의미입니다. 시간이 지나감에 따라 기술 개발과 트렌드가 변하고 사업 아이템의 수명이 다하기도 합니다.

고객의 니즈는 지속적으로 변하기 때문에 어떤 사업도 영원할 수는 없습니다. 그래서 끊임없이 새로운 아이템에 관한 연구와 관심을 가지고 개발해야 합니다. 사업 아이템의 시작 시간은 너무 빨라도 힘들고, 너무 늦어서는 시장을 선점당해 어렵게 된다는 점을 명심해야 합니다.

모두가 좋다고 하는 사업 아이템에 현혹되어서도 곤란하고, 너무 앞서가는 사업 아이템도 조심해야 합니다. 많은 사람들이 좋다고 생각하는 아이템은 그만큼 경쟁자가 많거나 초기 진입장벽도 낮습니다.

진짜 좋은 아이템은 누구나 좋다고 생각하는 것이 아니라 경쟁자의 참여가 쉽지 않고, 남들이 잘 모방하지 못하는 아이템입니다. 그렇다고 누구도 시도하지 않은 일을 처음으로 시도하는 일도 생각을 많이 해야 합니다. 새로운 시장을 만들어나가는 일은 생각보다 쉽지 않기 때문입니다. 또한, 심사위원이나 주변의 사람들을 설득하는 일도 만만치 않은 작업입니다.

가장 현실적인 사업 아이템 선정 방식은 현재 하고 있는 일에서 아이디어를 얻는 것입니다. 많은 사람들이 지금 자신이 하고 있는 일에서 벗어나 뭔가 새롭고 혁신적인 것을 꿈꾸는데, 지금 하고 있는 일 가운데 자신의 경험과 전문성을 살려 고객의 페인 포인트(pain point)를 찾고 해결하는 방법이 가장 성공할 가능성이 큽니다.

마지막으로 주변의 가족이나 친구들이 좋다고 해서 그것이 고객이 진정으로 원하는 아이템이 아닐 수도 있다는 점을 기억해야 합니다. 친한 사람일수록 객관적으로 평가하기 어렵습니다. 그래서 주변의 반대와 지지는 한 번 더 생각해볼 필요가 있습니다.

따라서 지인을 통한 사업 아이템 평가보다는 한 단계 더 건너 사람들에게 확인해보는 것이 좋습니다. 이 경우, 최소 100명 정도의 예비 고객들에게 물어보고 시장성을 평가해보는 것이 객관성을 담보하기에 좋습니다. SNS를 이용해 사전에 관심도와 시장성을 평가해보는 것은 매우 좋은 시도가 될 수 있습니다.

사업 아이템 선정 시 고려해야 할 3가지 요소는 다음과 같습니다.

먼저, '내가 잘하는 것'을 통해 핵심역량과 기술력을 확보해야 합니다.

두 번째, '내가 좋아하는 것'을 통해 지속 가능성과 끈기를 유지하도록 합니다. 좋아하는 것을 발견할 수 없다면 하려고 하는 일을 좋아할 수 있도록 하는 것도 방법이 될 수 있습니다.

마지막으로 '시장이 원하는' 사업 아이템 확보를 통해 수익을 확보하도록 합니다.

사업 아이템을 선정할 때 고려해야 할 3요소

시장이 원하는 것
- 비즈니스 모델
- 수익 모델
- 매출·영업 이익

내가 좋아하는 것
- 지속 가능성
- 끈기(GRIT)
- 좋아하는 일이 없다면, 하고 있는 일을 좋아하라

내가 잘하는 것
- 제품·서비스
- 덕후의 시대
- 차별화 포인트
- 핵심역량
- 기술력

03

사업 아이템 못지않게 중요한
콘셉트 잡기

사업계획 발표를 할 때, 중요한 것은 자기 자랑이 아닌, 자기를 잘 알리는 것입니다. 그리고 발표 시작과 동시에 간단하고 명료하게 자기를 나타낼 수 있어야 합니다.

그렇다면 어떻게 해야 간단하고 명료하게 자신을 알릴 수 있을까요? 사실 많은 사람들이 자기 자신이나 자신이 하고자 하는 일에 대해 잘 모르는 경우가 많이 있습니다. 그런데도 불구하고 자신들은 잘 알고 있다고 생각하고 있습니다.

자신이나 자기 일에 대해 잘 모르는데 잘 알고 있다고 생각하는 이유는 무엇일까요? 그것은 자기 스스로 그것에 대해 진지하게 생각해보지도 않고 자신이 있으니까, 또는 내가 오랜 기간 동안 준비하거나 생각해온 일이니까 잘 안다고 생각하는 것입니다.

자기가 자신을 잘 알고 있다는 것은 자기를 한마디로 표현해 남들을 납득시킬 수 있다는 것입니다. 그러지 못한다면 자기도 자신을 모르는 것입니다.

더 정확하게 말하자면 자신을 모르는 것이 아니라, 자신 안에 있는 것이 너무 많아 그것을 한마디로 표현하지 못하는 경우가 더 많다는 것입니다.

'내 속엔 내가 너무도 많아…'

시인과 촌장의 〈가시나무〉라는 노래의 가사 일부분인데요, 이것이 진실입니다. 오죽하면 요즘 트렌드가 멀티 페르소나겠습니까?

이렇게 자신 안에 혼재해 있는 여러 가지를 한마디로 표현하려니 두루뭉술해지거나 추상적으로 되는 것입니다. 여러분이 하고자 하는 사업도 마찬가지입니다. 여러분이 그 사업을 통해 이루고자 하는 것이 너무 많기 때문에 한마디로 표현하지 못하는 것입니다.

그러면 콘셉트라는 말이 무엇인지 먼저 살펴보도록 하겠습니다.

콘셉트는 라틴어 'conceptum(초안, 개요)'에서 나온 단어입니다. 이 단어는 'Con + Cept + um'으로 쪼개집니다. Con은 together의 뜻이고

Cept는 take, hold의 뜻을 지니고 있습니다. um은 라틴어의 명사어미입니다. 그러니 콘셉트란 단어를 풀어보면, '모두 모아서 잡는다'라는 정도의 의미를 가지고 있습니다. 간단하게 정리하자면 흩어져 있는 이것저것을 한데 모아서 하나로 묶는 중심축을 의미합니다.

이런 의미에서 콘셉트라면, 우리 안에 있는 여러 가지 나를 한데 모아 하나로 묶는 작업을 콘셉트 잡기라고 할 수 있습니다.

사업 아이템에서도 마찬가지입니다. 사업이 담고 있는 여러 가지 목적과 비전, 방향 등을 한데 모아 하나로 묶어내어 중심축을 잡아내면 콘셉트 잡기가 완성된다라고 할 수 있습니다.

그런데 여러 가지를 한데 묶어 한마디로 표현하려니 두루뭉술해지거나 추상적으로 되는 것입니다. 여기에 콘셉트 잡기의 딜레마가 있는 것입니다. 두루뭉술하거나 추상적인 것은 설명에 시간이 필요합니다. 이렇게 두루뭉술하고 추상적인 것은 강력한 임팩트가 없기도 합니다.

따라서 자신이 가진 것을 모두 모아 잡아나가는 콘셉트 잡기는 대기업이나 유명한 사람이 할 수 있는 전략입니다. 그들은 돈도 있고 지명도도 있어서 자주 유명 미디어에 노출되거나 돈을 들여 광고해 콘셉트를 제시할 기회를 만들어 자연스럽게 추상적인 이미지를 고객에게 각인되게 하는 효과를 보지만, 처음 사업을 시작하는 사람이나 (예비)기업 입장에서는 그런 환경이 되지 못하므로 그런 전체적이고 두루뭉술한 콘셉트 잡기는 적용하기가 곤란합니다.

특히 60초 정도의 짧은 시간에 발표자와 (예비)기업의 정체성을 심사위원에게 설명해야 할 발표자와 (예비)기업의 입장에서는 더더욱 사용하면 안 되는 전략입니다.

그런데 심사를 하다 보면 아예 콘셉트가 없거나, 아니면 대기업적인 두루뭉술한 콘셉트를 따라 하며 설명하는 경우를 많이 보게 됩니다. "우리 사업은 이것도 되고 저것도 되며 모두를 만족시킬 수 있는 아주 만능의 사업 아이템입니다"라고 설명하는 발표자가 굉장히 많습니다.

모두가 첫 단추부터 잘못 끼운 것입니다. 그렇다면 어떻게 해야 할까요?

이럴 때 기억해야 하는 것이 바로 'Simple is Best' 전략입니다. 욕심을 내려놓고 자신이 하고자 하는 일을 정리해보는 것입니다.

자신이 하고자 하는 일을 정리하는 방법의 하나가 '원픽' 전략입니다. 사업 아이템이 담고 있는 수많은 기능이나 역할 중에 남들과 가장 차별화될 수 있는 하나를 고른다는 의미의 '원픽'은 국민 오디션 프로그램 〈프로듀스 101〉에서 자주 등장한 개념이기도 하지만, 마케팅에서도 자주 차용하는 전략이기도 합니다.

'원픽'이란 수많은 것 중에서 하나를 택하라는 것입니다. '원픽'을 하는 이유는 콘셉트를 명확히 하고 날카롭게 하기 위함입니다. 그런데 이 '원픽'을 고르는 전략에는 주의할 점이 있습니다.

많은 사람들이 자신들이 가장 잘할 수 있는 부분이거나 가장 유명하게 나타낼 수 있는 부분으로 '원픽'을 고르는 경향이 있는데, 그게 정답이 될 수도 있지만, 정답이 되지 않을 경우도 많이 있다는 것입니다.

'원픽'을 하는 기본적인 전략은 바로 USP 전략입니다.

USP란 'Unique Selling Proposition', 즉 '자신만이 제안할 수 있는 독특한 가치 제안하기' 정도로 번역할 수 있습니다.

예를 들어 식당 창업을 한다고 합시다.

"우리 식당은 1. 맛도 좋고, 2. 분위기도 좋고, 3. 친절하며, 4. 서비스 안주도 많이 줍니다"라고 설명하는 것이 기존의 두루뭉술한 콘셉트 잡기입니다. 그런데 어느 식당이 "우리 집은 맛이 없어요"라거나 "분위기도 좋지 않고 친절하지 않아요", 또는 "서비스 안주를 주지 않습니다"라고 광고하겠습니까? 남들도 모두 말할 수 있는 콘셉트나 가치 제안은 전혀 새롭지도 않고 고객을 감동시킬 수도 없습니다. 당연하게 심사위원을 감동시키지 못합니다.

이런 현상이 발생하는 것은 앞에서 설명한 대로 자신의 사업을 한마디로 설명할 콘셉트 정리가 안 된 것입니다.

대신 USP 전략을 차용해 자신의 식당 콘셉트를 "우리 식당은 저렴한 가격으로 회식하기 딱 좋은 식당입니다"라고 한다면, 듣는 사람도 명확하게 이해할 것이고, 임팩트도 있게 될 것입니다.

가치 제안을 하는 타깃 고객이 '직장에 다니며 회식을 하는 주머니가 얇은 사람'으로 명확해지고, 그들이 가져갈 이익도 따라서 명확해지는 것입니다.

그런데 더 중요한 사실은 이 식당이 그 지역 사회에서 '회식하기 제일 좋은 곳'이 아니어도 된다는 것입니다. 사실 이 식당보다 더 좋은 회식 장소는 더 있을 수 있습니다. 그러나 그 식당이 '회식하기 좋다'라는 가치 제안보다 더 우선한 다른 가치가 있거나 여러 가치 제안에 가려 그 부분이 부각이 안 될 수 있다는 것이고, 지금 제안하는 이 식당이 누구보다 먼저 그 가치 제안을 들고 나와 고객에게 각인시키면, 고객은 그 식당을 '싸게 회식하기 좋은 식당'으로 인지하게 된다는 것입니다. 이것이 USP 전략입니다.

이제 이 USP 전략의 방법과 유용성을 이해하셨다면 구체적으로 어떻게 콘셉트를 잡아가야 하는지 알아보도록 하겠습니다. USP 전략을 유용하게 하기 위해서는 앞에 말씀드린 '원픽'을 해야 합니다.

제일 먼저, '우리가 이 사업을 통해서 해결하려는 페인 포인트(문제점)는 이것이다'라고 하나를 고르는 것입니다.

또, 그 페인 포인트가 나타나게 된 배경과 원인도 하나만 골라냅니다.

그리고 그 문제와 원인을 해결할 방향 역시 하나만 설정합니다.

이것까지 정리가 되었다면, 그 방향으로 갈 방법론을 제시하는 것입니다.

이렇게 한다면 매우 날카롭고 분명한 설명이 가능하고 임팩트가 있는 콘셉트 잡기가 가능해집니다. 그 결과, 이 사업 아이템의 콘셉트는 '저렴한 가격에 회식하기 딱 좋은 식당'인 것입니다. 'Simple is best'를 기억하기를 바랍니다. '원픽'을 기억하십시오, USP가 거기서 나타납니다.

이렇게 콘셉트가 잡혔다면 사업계획서 작성의 반은 끝난 것입니다. 정부에서 제시하는 사업계획서 양식에 이 콘셉트를 바탕으로 적어 넣기만 하면 되는 것입니다. 그렇게 된다면 사업계획서가 처음부터 끝까지 일목요연하게 일관성 있게 작성될 것이고, 발표할 때 역시 명확하고 간단하게 자신의 사업에 대해 설명할 수 있을 것입니다.

- 당신의 (예비)사업이 타사에 비해 잘하고 있는 것은 무엇인가? 또는 잘해주고 싶은 것은 무엇인가?
- 고객 또는 사회가 당신의 상품(서비스)을 통해 얻는 편익이 무엇인가?
- 당신 경쟁사의 약점은 무엇인가?
- 타사에서 해결할 수 없는 것을 당신이 해결해줄 수 있는 것은 무엇인가?
- 당신의 주장을 뒷받침하는 측정 가능한 증거나 데이터 등 성과는 무엇인가?

콘셉트가 잡혔다면, 이제는 그 콘셉트에 부합하는 타깃을 명확하게 선정해야 합니다. 그런데 앞의 식당의 예에서 살펴보았듯이, 명확한 콘셉트 속에는 아주 구체적이고 분명한 타깃 고객층이 녹아 들어가 있는 경우가 많습니다.

설사 콘셉트 속에 타깃 설명 부분이 미흡하다 할지라도 콘셉트 안에 녹아 있는 타깃을 끄집어내어 명확하게 하기만 하면 되는 것입니다.

그다음 고민할 부분은 전달할 가치 제안인데, 앞에서 설명한 것과 같이 USP 자체가 고객에게 전달할 가치전달을 명확하게 한 것이므로

USP에 의한 '원픽' 콘셉트 잡기는 사업계획에 가장 중요한 부분을 명확히 하는 좋은 툴이 될 수 있습니다.

심사위원이 직접 가르쳐주는
정부지원사업 합격 노하우

04

10초 안에 심사위원의 눈길을 확보하라 :

사업계획서 제목은 카피라이팅이다

사업계획서의 제목에 콘셉트를 담아야 합니다.

사업계획서의 제목을 짓는 것은 사업 아이템의 콘셉트를 보여주는 시작점이기에 매우 중요합니다. 그러나 제목을 직관적으로 지어서는 곤란하며, 철저한 전략과 노림수를 가지고 지어야 합니다.

그러기 위해서는 우선 제목의 구조를 파악해야 합니다.

제목은 수식어구와 키워드구, 그리고 부제의 3단 구조로 되어 있습니다. 수식어구와 키워드구를 합쳐서 흔히 '표제'라고 부르고, 표제를 좀 더 구체적으로 풀어준 것을 '부제'라고 합니다. 제목의 구조를 파악하고 다른 사업의 제목을 보면 이전과는 와닿는 느낌이 전혀 다름을 알 수 있습니다. 아는 만큼 보이기 때문입니다.

그러면 수식어구가 무엇인지 살펴보도록 하겠습니다.

예를 들어 《시니어도 돈을 벌 수 있는 소책자 마케팅 플랫폼》이라는 제목에서 '시니어도 돈을 벌 수 있는'에 해당하는 부분이 수식어구이고, '소책자 마케팅 플랫폼'은 키워드 구문에 해당합니다. 《바쁜 독신녀를 위한 제주도 한 달 살아보기 준비 장터》라는 제목에서는 '바쁜 독신녀를 위한'은 수식어구에 해당하고, '제주도 한 달 살아보기 준비 장터'는 키워드구에 해당합니다.

수식어구는 주로 고객이 얻게 되는 이익이나(시니어도 돈을 벌 수 있는~), 타깃 고객을 드러내는(바쁜 독신녀를 위한~) 역할을 합니다.

그 밖에도 사업자의 이름을 드러내거나(스타벅스도 따라 하는~), 구체적인 목표액(연봉 1억 원을 달성하는~)이나 목표 달성에 필요한 기간(40일 만에 수익 내는~)을 드러내는 예도 있습니다.

즉, 수식어구는 키워드구를 꾸미고 한정시키는 역할을 하고, 이 수식어구가 심사위원이나 타깃 고객에게 매력적으로 보이게 만드는 기술이 필요합니다.

키워드구는 심사위원이나 고객이 해당 사업 아이템을 기억하는 단어들을 말합니다. 키워드는 '필수 키워드'와 '차별화 키워드'로 나누어볼 수 있습니다.

예를 들어, 여러 사람이 함께 만들어가는 플랫폼 사업이라면 사업 제목에 '플랫폼'이라는 키워드가 들어가야 하고, 애완동물에 관한 사업이라면 제목에 '애완동물'이라는 키워드가 들어가야 심사위원이나 고객이 쉽게 기억하게 됩니다.

이를 '필수 키워드'라고 합니다. 필수 키워드를 고려하지 않고 제목을 《시니어가 돈을 버는 사업》이라고 짓는다면, 심사위원이나 고객이 해당 사업 아이템을 이해하기 힘들 것입니다. 이러므로 키워드 부분이 아니더라도 수식어구나 부제에라도 반드시 '플랫폼'이라는 키워드를 넣어주어야 좋습니다. 이때 필수 키워드는 앞쪽에 배치하는 것이 좋습니다. 기억하기 쉽기 때문입니다.

또한 모든 다이어트 사업이 똑같을 수는 없습니다. 다이어트 사업자는 각자 '고지방 다이어트', '효소 다이어트', '황제 다이어트' 등 차별화된 자신만의 해결책을 제시합니다. 이때 '고지방', '효소', '황제'에 해당하는 것이 '차별화 키워드'입니다. 차별화 키워드는 같은 필수 키워드를 다룬 수많은 사업 중에서 자신의 사업 아이템을 구분해주는 중요한 역할을 합니다.

예를 들어 《초보자를 위한 전자책 플랫폼》이라는 제목에서 '전자책 플랫폼'은 필수 키워드에 해당하고, '초보자'는 차별화 키워드에 해당합니다. 제목만 봐도 전자책을 다룬 플랫폼 중에서도 초보자에게 집중한 사업임을 알 수 있습니다.

물론 제목이 기계적으로 필수 키워드와 차별화 키워드만으로 이루어지는 것은 아닙니다. 그러나 '필수 키워드'와 '차별화 키워드'를 정하고 나면 다양한 형태로 이 둘을 조합하고 변형해 사용할 수 있습니다.

'효소 다이어트'를 예로 들어보겠습니다.

평상문으로 하면 《효소만 잘 먹어도 한 달에 5kg 빠진다》, 명령문으로 하면 《지금 당장 효소 다이어트하라》, 명사구로 하면 《내 인생의 마지막 효소 다이어트》와 같이 다양한 제목이 나올 수 있습니다.

표제 부분이 짧아서 모든 정보를 담을 수 없는 경우도 있습니다. 이런 경우, 표제에는 대표적인 키워드만 담고 자세한 설명은 부제로 돌려야 합니다.

《심사위원이 직접 가르쳐주는 – 정부지원사업 합격 노하우》에서 '정부지원사업 합격 노하우'가 표제에 해당하고, '심사위원이 직접 가르쳐주는'이 부제에 해당합니다. 《하버드 행동심리학 강의》의 부제는 '잘못된 결정에 빠지지 않기 위한 8가지 법칙'입니다.

사업의 제목은 나중에 본격적인 사업에 들어가서도 중요하게 작용하는 것이므로 사업 제목에 콘셉트를 담고 사업에 도움이 되도록 마지

막까지 고민하는 것이 좋습니다

　그러면 제목을 작성하는 7가지의 고려 사항을 알아보겠습니다.

　사업의 제목을 생각하는 데 책 제목을 잡는 원리를 적용하면, 매우 유용한 경우가 많습니다. 왜냐하면 책 시장은 어느 시장보다 경쟁이 치열하기로 유명한 곳이고 독자의 대부분이 제목을 보고 책을 고르는 경우가 많기 때문에 제목에 제일 많이 신경을 쓰는 영역이기 때문입니다.

　다음에 제시하는 제목의 예들은 그런 의미에서 책 제목들을 배치했으니 이 제목을 통해 자신의 (예비)사업 제목을 고른다면, 좋은 결과를 낼 수 있을 것입니다.

첫 번째 원리 : 고객의 이익을 생각하라

　제목은 고객에게 줄 수 있는 이익을 약속해야 합니다. 이익(benefit)이란, 고객의 욕망을 충족시키는 것을 말합니다. 욕망이란 쾌락을 추구하거나 고통을 피하고자 하는 마음입니다. 즉, 제목은 고객에게 '이 상품을 사면 이러저러한 즐거움을 얻을 수 있겠구나!' 또는 '이러저러한 고통을 피할 수 있겠구나!' 하는 확신이 들게 해야 합니다. 이것이 '이익의 원리'입니다.

이때 표면적으로 드러나는 이익이 아니라 고객이 궁극적으로 바라는 이익이 무엇인지를 파악하는 것이 중요합니다.

예를 들어, 고객이 자기소개서에 관한 서비스를 찾는 이유는 단순히 지적 호기심을 채우기 위해서가 아닙니다. 서비스를 통해 원하는 대학이나 기업에 합격하기를 기대하는 것입니다. 따라서 제목을 지을 때 단순히 《자기소개서 잘 쓰는 법》이라고 짓기보다 《수시로 웃는 합격 자기소개서》나 《면접으로 바로 가는 자기소개서》와 같이 독자의 욕망을 자극하게 만드는 것이 좋습니다. 그럼, 심사위원 역시 만족할 것입니다.

고객의 욕망을 자극하는 방법에는 '쾌락 추구'와 '고통 회피'가 있습니다. 쾌락 추구에 해당하는 제목으로 《적을 만들지 않는 대화법》, 《연봉이 오르는 글쓰기》, 《부자가 되는 정리의 힘》 등이 있습니다. 고객에게 '이 서비스를 이용하면 얻게 되는 이익'을 확실하게 알려주는 것입니다. 한편 고통 회피에 해당하는 제목으로 《노후파산》, 《99% 중학생이 헛공부하고 있다》, 《의사에게 살해당하지 않는 47가지 방법》 등이 있습니다.

두 번째 원리 : 고객의 공감을 얻어라

제목은 불특정 다수가 아닌 특정한 고객에게 말을 걸어야 합니다. 그래야 고객이 '이건 바로 나를 위한 상품이야!' 하고 느끼게 됩니다. 이를 공감의 원리라고 합니다. 공감의 핵심은 고객의 심리적 참여를 끌어내서 '아아, 과연 그렇군' 하고 고개를 끄덕이게 하는 것입니다.

여기에는 크게 3가지 방법이 있습니다.

첫째, 고객에게 말을 건넵니다.

제목에 1인칭이나 2인칭을 사용하면 고객은 사업이 자신에게 말을 거는 듯한 느낌을 받습니다. 《나는 까칠하게 살기로 했다》,《당신은 전략가입니까?》 등이 이에 해당합니다.

둘째, 타깃을 정확하게 언급합니다.

타깃이 좁으면 좁을수록 고객은 자신의 이야기라고 느낍니다. 《아플 수도 없는 나이 마흔이다》,《흔들리는 30대를 위한 언니의 독설》,《스무 살에 처음 읽는 심리학》 등이 이에 해당합니다.

셋째, 허들을 낮춥니다.

고객은 자신도 충분히 할 수 있다고 생각하는 일에 공감합니다. 《원숭이도 이해하는 자본론》,《컴퓨터 일주일만 하면 전유성만큼 한다》,《나물이의 2,000원으로 밥상 차리기》 등이 이에 해당합니다.

세 번째 원리 : 심사위원이나 고객의 오감을 자극해라

좋은 제목은 듣는 순간 머릿속에 선명한 이미지가 떠올라야 합니다. 이것을 '오감의 원리'라고 합니다. 여기서 말하는 이미지란 주로 시각을 말합니다. 시각에 청각, 후각, 미각, 촉각을 더하면 독자의 머릿속에 더 오래 기억될 수 있습니다.

예를 들어《사하라로 간 세일즈맨》이라는 제목은 듣는 순간, 사하라 사막과 그 앞에 서 있는 세일즈맨의 모습이 떠오릅니다. 동시에 '세일즈맨이 사막에 왜 갔을까?' 하는 호기심도 생깁니다.

오감을 자극하기 위해서는 제목에 형태나 색, 소리나 냄새 등의 속성을 가진 구체적인 사물을 넣는 것이 좋습니다. 김위찬의《블루오션 전략》이나 세스 고딘(Seth Godin)의《보랏빛 소가 온다》는 색을 통한 시각적 이미지를 잘 활용했습니다. 듣는 순간 눈앞에 푸른 바다와 보랏빛 소가 그려집니다. 같은 의미라고 하더라도《경쟁 없는 시장에서 승자가 되는 법》이나《자신만의 가치를 발견하라》식으로 제목을 지었다면, 시각적인 이미지를 떠올리기 힘들었을 것입니다.

네 번째 원리 : 사람들이 기억하기 쉬운 숫자를 사용하라.

《성공하는 사람들의 7가지 습관》,《마음을 열어주는 101가지 이야기》등 베스트셀러의 제목에는 숫자가 들어간 것이 많습니다. 숫자는 제목에 구체성을 더해주고 내용이 일목요연하게 정리된 느낌을 줍니다. 숫자를 넣을 때는 다음과 같은 방법이 있습니다.

- 체감 단위 : 숫자를 설정할 때는 체감 단위를 작게 설정하는 것이 좋습니다. 큰 금액도 작은 단위로 쪼개면 부담이 사라지므로 보험 세일즈맨이 사용하는 기법이기도 합니다. 《하루 5분 부자수업》, 《하루 10분 엄마 습관》과 같은 제목이 이에 해당합니다.

- 틀 깨기 : 숫자를 설정할 때는 50이나 100으로 똑 떨어지는 단위보다 틀을 살짝 깨는 것이 독자의 흥미를 끌 수 있습니다. 예를 들어, 《기획의 100%는 콘셉트다》보다 《기획의 99%는 콘셉트다》가 왠지 더 멋있습니다. 마찬가지로 《영혼을 위한 100가지 이야기》보다 《영혼을 위한 101가지 이야기》가 더 끌립니다.

- 목표 달성 : 실용서에는 목표의 달성에 걸리는 '기간'이라든지, 목표 달성의 '액수'를 제목에 숫자로 나타내는 경우가 많습니다. 《2주 만에 끝내는 해커스 토익 스피킹》, 《30일 완성 목소리 트레이닝》 등은 '기간'을, 《주식 초보가 석 달 안에 천만 원을 버는 법》, 《10억 버는 세일즈 마케팅》 등은 '액수'를 표시한 것입니다.

- 해결 방법 : 문제에 대한 해결 방법의 숫자를 제목에 나타낸 경우도 많습니다. 《의사에게 살해당하지 않는 47가지 방법》, 《합법적으로 세금 안 내는 110가지 방법》, 《논쟁에서 이기는 38가지 방법》 등이 이에 해당합니다.

- 타깃 연령 : 타깃 연령을 숫자로 표시하면 타깃 독자의 관심을 끌 수 있습니다. 타깃 연령층이 분명한 자기계발서류의 제목에 많이 쓰입니다. 《스물일곱 이건희처럼》, 《심리학이 서른 살에게 답하

다》, 《20대에 꼭 해야 할 46가지》 등이 이에 해당합니다.

제목은 심사위원과 고객의 호기심을 자극할 수 있어야 합니다. 이 것이 흥미의 원리입니다. 심사위원이나 고객의 눈이 제목에 머무는 시간은 평균 0.3초에 불과합니다. 그 찰나의 순간에 심사위원과 고객의 흥미를 끌지 못하면, 그 사업에 관한 관심은 사라질 수도 있음을 기억해야 합니다.

검색 키워드가 예선이었다면 흥미는 본선이라고 할 수 있습니다. 그 렇다면 고객은 어떨 때 흥미를 느낄까요?

첫째, 낯선 것에 흥미를 느낍니다.

잘생긴 남자와 예쁜 여자가 함께 길을 걸어가면 10명 중 5명이 뒤를 돌아봅니다. 그러나 못생긴 남자와 예쁜 여자가 함께 길을 걸어가면 10명 중 9명이 뒤를 돌아봅니다. 이질적인 조합이 낯설어서 호기심을 자극하기 때문입니다. 사업의 제목도 마찬가지입니다. 《행복한 이기주 의자》와 같이 평범한 단어의 낯선 조합은 호기심을 불러일으킵니다.

둘째, 궁금할 때 흥미를 느낍니다.

제목이 중요한 정보를 감출 때, 독자들은 궁금해집니다.

《CEO의 다이어리엔 뭔가 비밀이 있다》라는 제목을 보면, 도대체 무슨 비밀이길래 제목에서도 말해주지 않는지 궁금합니다. 이 궁금증을 해결하는 방법은 단 하나, 사업을 체험해보는 것뿐입니다.

셋째, 트렌드와 관련이 있을 때 고객뿐만 아니라 심사위원도 흥미를 느낍니다. 고객들은 유행에 민감합니다. 《나 홀로 여행》, 《혼밥육아》, 《혼자가 더 편한 사람들의 사랑법》, 《혼자서 재밌게 노는 101가지 방법》 등의 제목은 '나홀로족'이라는 트렌드를 제목에 반영하고 있습니다.

여섯 번째 원리 : 좋은 제목을 따라 하는 모방 전략을 써라

하늘 아래 새로운 것은 없습니다. 제목을 짓는 가장 쉬운 방법은 유명한 다른 사업의 제목을 모방하는 것입니다. 《미움받을 용기》가 베스트셀러가 되자 그 뒤를 이어 《인생에 지지 않을 용기》, 《사랑받지 않을 용기》, 《나를 믿을 용기》 등 수많은 용기 시리즈가 쏟아져 나왔습니다.

이러한 '미투(me too) 전략'은 이미 형성된 독자층을 비슷한 콘셉트로 다시 공략하기 때문에 실패할 확률이 낮아집니다. 모방의 원리는 꼭 다른 사업의 제목만 따라 하는 것이 아닙니다. 때로는 명언, 다른 책의 부제, 홍보문구, 꼭지 제목, 시 한 구절이 모두 제목이 될 수 있습니다. 《생각대로 살지 않으면 사는 대로 생각하게 된다》라는 프랑스 시인 폴

발레리(Paul Valery)의 명언을 빌린 것이고,《바람이 분다 당신이 좋다》 역시 폴 발레리의 시 '해변의 묘지'에 나오는 '바람이 분다 살아야겠다' 라는 구절을 변형한 것입니다.

좋은 제목은 어디에나 널려 있습니다. 같은 분야의 사업을 모방하면 자칫 아류로 보이기 쉬우므로 될 수 있는 대로 다른 분야의 제목을 참고하는 것이 좋습니다.

한 가지 꿀팁을 주자면, 아마존에서 외국책 제목을 참고하면 뜻밖의 수확을 거둘 수 있습니다. 특히 출판 산업이 발달한 일본 아마존에는 좋은 제목들이 많이 있습니다.

일곱 번째 원리 : 여러 가지 버전을 만들어본 후 골라라

제목을 짓다 보면 명사형이나 명령형으로 끝나는 경우가 많습니다. 문장의 종류를 의문형, 서술형 등으로 바꾸거나 비유법, 대구법 등의 수사법을 활용하면 다양한 제목을 지을 수 있습니다. 하나의 제목만 고집하기보다 여러 버전으로 만들어본 후, 그중 가장 매력적인 제목을 선택하는 것이 좋습니다.

- 명사형 :《사피엔스》,《심플》,《씽킹》,《시크릿》,《남한산성》,《태백 산맥》
- 명령형 :《노후를 위해 집을 이용하라》,《설레지 않으면 버려라》,

《지금 당장 롤렉스 시계를 사라》, 《무소의 뿔처럼 혼자서 가라》

- 서술형 : 《가끔은 격하게 외로워야 한다》, 《공부가 제일 쉬웠어요》, 《아프니까 청춘이다》, 《칭찬은 고래도 춤추게 한다》
- 대구형 : 《바보처럼 공부하고 천재처럼 꿈꿔라》, 《법정이 묻고 성철이 답하다》, 《권력이 묻거든 모략으로 답하라》
- 비교형 : 《나는 남자보다 적금통장이 좋다》, 《나는 아이보다 나를 더 사랑한다》, 《스무 살 청춘! A+보다 꿈에 미쳐라》, 《무엇이 될까보다 어떻게 살까를 꿈꿔라》
- 의문형 : 《정의란 무엇인가?》, 《왜 우리는 집단에서 바보가 되었는가?》, 《무엇을 버릴 것인가?》, 《어떻게 살 것인가?》, 《왜 세계의 절반은 굶주리는가?》
- 반복형 : 《된다 된다 나는 된다》, 《살아야 한다 나는 살아야 한다》, 《서른이 서른에게》, 《괜찮다 다 괜찮다》, 《생각에 대한 생각》
- 생략형 : 《처음처럼》, 《꽃들에게 희망을》, 《너의 이름은》, 《지금 알고 있는 걸 그때도 알았더라면》, 《예술가로 산다는 것》

사업의 제목은 우리가 생각하는 것보다 더 많은 역할을 합니다. 사업계획서의 내용에 들이는 노력 못지않게 신경을 써야 하는 것이므로, 콘셉트에 잘 맞는 제목을 골라 고객뿐만 아니라 심사위원에게도 좋은 평가를 받도록 해야 합니다.

05

디지털 가독성은 심사위원과
교감하는 가장 쉬운 방법이다

사업계획서와 PPT의 가독성은 왜 중요할까요?

여러분이 디지털 환경에서 지금 이 글을 읽고 있다면 아마 모든 내용을 꼼꼼하게 읽지는 않을 것입니다. 처음 몇 문장을 읽은 후 페이지를 훑어보고 몇 가지 요점만 추려내려고 시도했을 것입니다. 이런 경향은 모두에게 보편적이며 심사위원에게도 나타날 수밖에 없습니다.

'디지털 시대의 독서하는 뇌에 대한 연구'에 따르면 종이로 된 매체와 디지털과 같은 스크린 매체는 독서하는 방식을 다르게 만듭니다.

앞에서 이야기한 대로 심사위원은 심사 당일 아침 심사장에 들어서서 노트북 PC에 저장된 여러분의 사업계획서를 처음 대하게 됩니다. 그리고 여러분의 사업계획서만 들어 있는 것이 아니라 여러분의 경쟁 발표자 사업계획서도 함께 들어 있습니다.

이 상황에서 여러분의 사업계획서의 가독성이 높아 다른 어느 사업계획서보다 이해하기 좋게 만들어졌다면, 심사위원은 편안한 마음으로 여러분의 발표를 지켜보게 될 것입니다.

그럼, 먼저 일반적으로 노트북에 있는 자료를 사람들이 어떻게 읽고 반응을 하는지 살펴보고, 그 반응에 따라 가독성을 어떻게 높여야 하는지 그 방안을 이야기해보겠습니다.

사람들은 디지털 환경에서 글을 읽지 않고 스캔을 합니다. 10대 이하를 제외한 사람들은 독서를 종이책과 함께 시작했지만, 온라인에서 기사를 읽을 때는 종이책을 읽을 때와는 다른 패턴을 보입니다.

일반적으로 사람들은 종이책, 잡지 또는 신문 같은 아날로그 매체는 대부분 처음부터 끝까지 순서대로 읽는 경향이 있습니다. 그러나 온라인에서 기사를 읽을 때는 대충 훑어보고, 건너뛰고, 맨 아래를 먼저 읽은 후 맨 위로 돌아오곤 합니다. 사진을 보고 링크를 클릭하거나 탭을 10개씩 열어놓고 있기도 합니다.

여러분은 디지털 환경인 PC나 스마트폰으로 글을 읽을 때 다음과 같은 행동을 얼마나 많이 하시나요?

- 제목과 부제목을 쓱 스캔한다.
- 글머리 기호가 있는 문장에 먼저 눈이 가고 그것을 쓱 스캔한다.
- 문장 단락의 첫 부분만 읽는다.
- 밑줄이 그어졌거나 굵게 표시된 부분을 집중적으로 읽거나 스캔한다.
- 서론이나 결론만 읽고 다음 콘텐츠로 넘어간다.

우리가 일반적으로 디지털 환경과 오프라인 환경에서 동일한 콘텐츠를 읽는데도 읽는 방식이 이렇게 차이가 다른 이유는 무엇일까요?

주된 이유는 활용 가능한 콘텐츠의 양입니다. 오프라인 환경에서는 책이나 잡지를 선택하면, 다른 콘텐츠로부터 독립적으로 그 콘텐츠에 몰입해 읽을 수 있는 환경이 조성되지만, 디지털 환경에서는 전혀 그렇지 않습니다.

심사위원의 노트북 PC에서 여러분과 동일한 내용을 가진 콘텐츠가 즐비하게 저장되어 있습니다. 오프라인 환경에서는 선택한 콘텐츠를 집어 들었다는 물리적인 행동만으로 선택이 좁혀지고 집중을 하게 되지만, 디지털 환경에서는 절대 그런 환경이 아닙니다. 가용 콘텐츠가 여러 가지 이유로 심사위원을 유혹하고 있습니다.

지금 디지털 환경에서 보고 있는 콘텐츠가 아무리 좋아 보여도 다른 콘텐츠가 더 좋을 수 있다는 유혹이 심사위원에게는 있는 것입니다. 그것은 단순하게 심사위원에게만 느껴지는 행동이 아니라 우리 모두가 일반적으로 그런 경향을 보이게 된다는 것입니다. 그것이 디지털 콘텐츠가 가진 특성입니다. 가용한 콘텐츠가 많다는 단순한 이유만으로도 한 콘텐츠에 집중하지 못하는 주요 요인이 되곤 합니다.

따라서 심사위원들이 문서를 보는 그 순간에 최대한 가독성을 높여서 하고 싶은 이야기를 일목요연하게 전달하지 못한다면, 우리의 사업계획서는 그렇고 그런 여러 사업계획서 중의 하나로 보여질 수도 있다는 것입니다.

사업계획서나 PPT처럼 디지털로 문서를 작성하고 읽게 만드는 것들은 이러한 디지털 환경과 문서의 특성을 잘 이해하고 특별히 신경을 써야만 합니다. 가독성은 텍스트가 얼마나 읽기 쉬운지를 나타내는 척도입니다. 그래서 사업계획서의 가독성을 높이는 것은 매우 중요한 이슈 중의 하나입니다.

그런데 가독성을 높이거나 개선하는 방법은 의외로 간단합니다. 5가지만 기억하면 됩니다. 가독성을 높인다는 말은 다른 말로 하면 콘텐츠의 핵심 내용을 쉽고 빠르게 파악할 수 있도록 만드는 과정입니다. 다음의 5가지 사항만 따라 해도 가독성을 획기적으로 높일 수 있습니다.

첫째, 가능한 한 더 짧고 단순한 문장으로 가다듬기입니다. 길고 복잡한 문장은 무조건 짧게 만드는 것입니다. 한 문장 안의 들어가는 단어 수를 가능한 한 줄이는 것입니다. 영어식으로 표현하자면 문장의 3형식을 넘어서지 않도록 하면 됩니다.

임팩트 있는 카피를 사용해 명확하고 간결하게 제목과 부제를 달아놓는 것입니다. 긴 글은 최대한 짧은 문장으로 나누고 긴 단락도 몇 개의 단락으로 나누고 난 후, 각 단락마다 단락을 대표하는 제목이나 부제를 달아주는 것입니다. 그래서 제목과 부제만으로도 그 단락을 모두 이해할 수 있도록 말입니다.

둘째, 숫자나 글머리 기호를 달아주면 읽기 편해집니다. 그리고 글꼴과 크기와 색상이 어지럽지 않도록 하는 것이 기본입니다. 전하고자 하는 내용을 리스트로 정리해서 글머리 기호나 숫자를 달아주는 것은 아주 효과적으로 가독성을 높이는 방법입니다.

셋째, 글머리 기호뿐만 아니라 목록, 표를 활용해 문단을 나누고 시각적으로 읽고 싶어지도록 만들기 바랍니다. 요점을 한눈에 파악하기 쉽게 굵은 텍스트를 사용하거나 다른 글꼴, 크기, 색상을 활용하는 것도 좋은 방법의 하나입니다. 다만 산만하게 느껴지거나 어지러운 느낌이 들지 않도록 3가지 색상이나 글꼴 범위 안에서 활용하는 것도 중요합니다.

넷째, 가독성의 가장 중요한 요소 중의 하나인 이미지를 적극적으로 활용하는 것입니다. 이미지를 활용해서 문단의 내용을 시각적으로 표현하고, 이미지와 사진만으로도 그동안의 전개 과정과 노력, 앞으로의 방향 등을 알아차리기 쉽게 만들면, 굳이 글을 읽지 않아도 되기에 큰 도움이 됩니다. 그리고 이미지로부터 호기심을 갖게 되면, 글을 더 꼼꼼하게 읽게 되므로 이미지 활용은 가독성의 성패를 좌우한다고 해도 과언이 아닐 것입니다.

마지막으로 가능한 한 쉽게 작성하는 것입니다. 가능하다면 모두 쉬운 단어로 바꿔주세요. 도무지 바꿀 수 없는 전문 용어의 경우에는 문장 안에서 짧게 설명해주거나 그 아래에 주를 달아주는 방법을 쓸 수 있습니다.

이처럼 해결책은 단순합니다.

심사위원이 사업계획서를 쉽게 읽어나갈 수 있도록 사업계획서와 PPT를

- 노트북 PC에서 바로 읽는 데 불편함이 없도록 가독성을 높이고,
- 사업계획서 내용을 카피화하고,
- 키워드화하라는 이 3가지를 꼭 기억하기를 바랍니다.

06

심사위원의 점수를 부르는 차별성 :
큰 것과 비교해 올라타고 작은 것과 비교해 강화하라

차별화되지 않은 사업계획서로는 심사위원의 시선을 절대 끌 수 없습니다

톨스토이(Leo Tolstoy)는 그의 소설 《안나 카레니나(Anna Karenina)》에서 "행복한 가정은 모두 비슷한 이유를 가지고 있지만, 불행한 가정은 모두 저마다 다른 이유를 가지고 있다"라고 말했습니다. 저의 심사 경험과 멘토링 등 컨설팅 경험을 정리하자면, "실패한 사업계획서는 모두 비슷한 이유를 가지고 있지만, 성공한 사업계획서는 저마다 다른 이유를 가지고 있다"라고 할 수 있습니다.

바꾸어 말하면, 실패한 사업계획서는 준비 부족이 대부분이고, 성공하는 (예비)사업과 사업계획서는 모두 다 자신만의 차별화된 경쟁력을

가지고 있다는 의미입니다. 차별화를 만드는 (예비)사업의 경쟁력은 가격, 가성비, 기능, 품질, 명성 등 5가지로 나누어볼 수 있습니다.

이 중에서 무엇을 우리 (예비)기업의 차별화 동력으로 삼을지는 각 (예비)기업이 보유한 자원 동원 능력, 기술개발 능력, 이미지 홍보 능력 등의 역량과 자원에 따라 달라집니다.

일반적으로 낮은 가격보다는 높은 가성비가, 가성비보다는 독특한 기능이, 기능보다는 좋은 품질(서비스)이, 품질(서비스)보다는 뛰어난 명성(브랜드 가치)이 진입장벽(entry barrier)이 높습니다. 명성으로 차별화하기가 가장 어렵지만, 한번 경쟁력을 가지면 그 효과는 무엇보다 지속적이 된다는 것입니다.

가격 경쟁력

5,000원짜리 이하 물건들을 파는 초저가 매장 '다이소'의 연 매출이 2019년 말에 2.2조 원을 넘었습니다. 그 외에도 '에코마트'나 '해피1000' 등, 이른바, 1000원숍 등 초저가 매장의 매출이 꾸준히 오르고 있습니다.

물건을 싸게 사서 싫어할 사람은 없습니다. 시장에는 돈을 절약하고 싶은 사람이 늘 있기 마련입니다. 저가격 전략(low-price strategy)의 가장 큰 장점은 저가격 시장이 항상 존재한다는 점입니다.

하지만 문제는 가격을 낮추면 팔고도 이익을 남기기가 쉽지 않다는 점입니다. 특히 스타트업이나 소상공업종의 경우, 저가 전략은 자본력의 고갈로 곧 취약해질 수밖에 없다는 점을 명심해야 합니다. 결국 원가(cost)를 절감해야 하는데, 소비자들이 잘 알아차리지 못하거나 별로 관심을 두지 않는 부분에서 절약을 꾀해야 합니다. 꼭 필요하지 않은 군더더기를 없애는 전략입니다.

대표적인 사례가 저가 항공사들입니다. 이런 항공사의 요금은 다른 항공사보다 매우 저렴하지만, 마치 시외버스를 타듯이 공항에 줄을 서서 기다려서 타야 하고 일체의 기내 서비스가 없으므로 불편하기도 합니다. 하지만 그럼에도 저가 요금은 많은 여행자들에게 매력적입니다.

가격을 낮추는 전략은 누구나 쉽게 택할 수 있을 것 같아도 '판매량 극대화 능력(volume maximization)'과 '원가 절감 능력(low cost)'의 2가지를 모두 갖추지 못하면 실패는 시간 문제입니다. 그리고 적당히 싼 가격에 판매하는 전략으로는 오래 버티기 어렵습니다. 월마트(Walmart)처럼 '매일 저렴한 가격'으로 승부하려면 엄청난 시스템과 운영의 노하우가 뒷받침되어야 합니다. 저가 항공사 피플 익스프레스(People Express Airlines)도 저가격 정책을 꾀하며 인기를 끌었지만, 결국 사업을 접었습니다. 저가 차별화 전략은 신중하게 접근해야 할 전략입니다.

가성비 경쟁력

가격만으로 승부하기 힘들다면, 가격 대비 가치(value for money)를 추구할 수 있습니다. 저가격 전략은 진입장벽이 낮아 누구나 쉽게 할 수 있기에 출혈경쟁을 피해 적절한 품질을 추구하는 것입니다. 명품 수준의 품질은 아니어도 '쓸 만한 품질에 비해 가격이 저렴하다'면 나름대로 가치(value) 있는 제품으로 인식되어 차별적 우위를 갖게 됩니다.

일회용 제품 시장의 선두인 '빅(Bic)'이나 앞선 패션을 저렴한 가격에 판매하는 SPA 브랜드들이 이에 해당합니다. 이 기업들에 필요한 것은 생산의 '효율성'과 시장 반응에 대한 '민첩성'입니다. 저가 전략을 구사하는 대부분의 회사들은 시장의 한계에 부딪히면 조금씩 기능을 추가해서 시장의 크기를 키우려고 합니다.

그러나 '철학적 가치관' 없이 어중간한 기능만 내세우게 되면 사람들이 그만한 가치를 느끼지 못하기 때문에 자칫 기존의 시장마저 빼앗길 수 있습니다. 3,300원짜리 화장품으로 시작한 '미샤'는 초저가 시장에서 선풍적인 인기를 끌었으나, 조금씩 품질 수준을 높이고 가격대를 올리면서 오히려 소비자에게 외면당하기도 했습니다.

요즈음은 가성비 대신 가심비를 추구하는 전략이 나타나고 있다는 점도 고려해볼 만한 전략입니다.

기능 경쟁력

남들이 갖지 않은 독특한 기능(F&B : features&benefit)이 있다면, 이 또한 강력한 차별적 요소가 됩니다. 오늘날은 기술이나 아이디어의 전파 속도가 빨라서 독특함을 오래 유지하기가 쉽지 않지만, 소비자의 머릿속에 독특한 기능을 한발 먼저 각인시키면 좋은 차별성을 가질 수 있습니다.

'천연 암반수'라는 특징으로 OB맥주의 아성을 무너뜨렸던 하이트나 '안전'을 각인시킨 볼보(Volvo), '물에 뜬다'는 특징으로 순수함을 표방한 아이보리 비누 등, 수많은 제품이 독특한 기능을 먼저 주장해 우위를 장악한 예입니다.

이제는 다른 맥주도 천연 암반수를 쓰고, 다른 자동차도 안전에 신경을 쓰며, 물에 뜨는 비누 역시 많아졌지만, 이들은 소비자에게 차별성을 먼저 인정받은 덕분에 시장에서의 우위를 아직도 점할 수 있는 것입니다. 이런 경쟁력을 가지려면 시장에 대한 예리한 통찰력으로 소비자들에게 어필할 수 있는 '아이디어'를 창출하는 능력이나 남보다 한발 앞선 '선진 기술(advanced technology)'이 있어야 합니다.

품질 경쟁력

한두 가지 특징이 아니라 전반적인 품질에서 우위를 갖추면 강력한 진입장벽을 갖게 됩니다. 히틀러(Hitler)가 독일의 3대 자랑거리로 내세우던 것이 바로 독일의 국민차로 불리던 폭스바겐 비틀, 고속도로 아우토반, 그리고 라이카 카메라였다고 합니다.

라이카 카메라가 인기와 선망의 대상이 된 것은 놀라운 품질 때문입니다. 20세기의 역사적 순간을 담은 사진은 대부분 라이카로 찍었다고 해도 과언이 아닙니다. 20세기 최고의 사진작가 앙리 까르띠에 브레송(Henri Cartier Bresson)은 "내가 소유하고 있는 라이카 카메라는 내 눈의 연장이다. 나는 그 사진기를 발견한 이후로 그것과 떨어져본 적이 없다"라며 극찬하기도 했습니다.

이런 신뢰는 하루아침에 만들어지지 않았습니다. 그들의 기술 수준은 말할 것도 없고 제조 과정도 대단합니다. 라이카 렌즈 하나를 만들려면 100여 단계의 공정을 거쳐야 하는데, 거의 모두가 수작업으로 이루어집니다. 검수 과정만도 60단계가 넘는다고 하니, 라이카의 편집증적인 품질 우선주의를 짐작할 수 있습니다.

렌즈 유리를 닦는 작업에서부터 반사 방지막을 코팅하고, 재질이 다른 유리들을 접합한 후 일련번호를 새겨 넣기까지 장인의 손길이 닿지 않는 것이 없으며, 렌즈를 마운트에 조립해 넣는 과정에는 상당히 숙련된 기술이 요구되는 과정입니다.

깊은 색감과 날카로운 초점의 사진을 찍어내는 라이카는 다른 카메라에서 느낄 수 없는 매력을 뿜어냅니다. '탁월한 기술력'은 물론 '누적된 경험'과 노하우 없이는 이룰 수 없는 경쟁력입니다.

명성 경쟁력

명성과 이미지는 일시적 유행에 따라 하루아침에 급격히 만들어지기도 하지만, 대부분 오랜 세월 동안 보고 들으며 서서히 생긴 명성일수록 그 힘이 강합니다.

또한 품질의 평가 기준이 인지적이고 논리적인 데 비해 이미지에는 감성이 개입되기에, 좋은 이미지를 가진 브랜드에 대해서는 감정적인 애착이 생기게 마련입니다.

이미지 경쟁력에서 타의 추종을 불허하는 좋은 품질은 반드시 갖춰야 할 필요조건이지만, 충분조건은 되지 못합니다.

단순히 좋은 수준을 넘어서 '새로운 문화를 창출하는 능력'이 있어야 합니다. 일본의 시계들은 스위스 시계의 품질에 조금도 뒤지지 않습니다. 그러나 스위스가 수백 년 동안 쌓아온 정밀기계산업 역사의 장벽은 결코 넘지 못했습니다. 이미 형성된 이미지를 부수고 들어가는 것은 너무나도 힘들다는 것입니다.

소니가 세계 최고 품질의 전자제품들을 만들고도 무너진 것은 문화를 곁들이지 못했기 때문입니다. 반면 애플이 오늘날의 반열에 오른 것은 품질 관리를 잘해서만이 아니라, 그들 나름의 독특한 문화를 창출하는 능력이 있기 때문입니다.

애플이 신제품을 내놓을 때마다 한국의 언론매체들은 "혁신은 없었다"라는 식의 비판성 기사를 쓰기 바쁘지만, 그럼에도 불구하고 이른바 '애플빠'들은 이에 아랑곳하지 않고 신제품을 사러 줄을 섭니다. 애플 마니아가 아닌 사람들의 눈에는, 디자인에 큰 변화도 없고 괜히 비싸기만 한 제품에 왜 그렇게 열광하는지 알다가도 모를 일이지만, 실제로 벌어지는 일입니다.

이미지는 논리성이나 경제성을 넘어섭니다. 특정 공식이 있는 것도 아닙니다. 이는 오로지 소비자들의 심리에 기인합니다. 그렇기에 기업이 원하는 방향으로 순식간에 만들어내기도 쉽지 않습니다. 사람들을 매료시킨 애플의 차별성은 단순히 기술력만이 아니라 디자인 등 다양한 요소를 포함한 독특한 스타일과 문화에 있기 때문입니다.

이런 점에서 잘 형성된 이미지야말로 경쟁자가 가장 흉내 내기 힘든 차별성이라 하지 않을 수 없습니다.

기업의 최대 목표가 이윤 추구인 것은 누구도 부인할 수 없는 사실입니다. 그러나 이제 기업은 고객을 착취해 이득을 취하는 것이 아니라, 고객에게 만족을 주면서 서로의 이익을 모색하는 존재로 인식되어야 합니다.

미국의 유력한 경제지 〈포춘(Fortune)〉이 해마다 선정하는 우수 기업의 명칭을 보면 그 명칭은 '초우량기업(super-excellent corporations)'이 아니라 '가장 칭송받는 기업(the most admired corporations)'입니다. 어쩌면 이제 기업이 궁극적으로 지향해야 할 목표는 'admiration(경탄, 존경, 칭송)'이 아닐까 고려해봐야 합니다.

그리고 그것이 심사위원을 설득하고 감동시키는 요소임을 알아야 합니다. 지금까지 차별화를 추진하는 데 필요한 5가지 동력을 살펴보았습니다.

차별화 경쟁력 셀프 진단 체크 리스트 1

· 저가격 : 원가 절감 능력과 판매량 극대화 전략 보유 여부

· 가성비 : 효율성과 고객에게 어필할 수 있는 철학적 가치관 보유 여부

· 기능 : 새롭고 참신한 아이디어와 신기술 개발 능력 보유 여부

· 품질 : 탁월한 기술과 누적된 경험과 역량 보유 여부

· 명성 : 자신의 브랜드에 대한 문화 창출 능력과 호감 생성 능력, 팬덤
　　　확보 능력 보유 여부

차별화 경쟁력 셀프 진단 체크 리스트 2

· 이미 시장을 지배하고 있는 선도 브랜드(leading brand)보다 더 낮은
　가격으로 판매할 수 있는가?

· 선도 브랜드에서 꼭 필요하지는 않은 기능을 제거하거나, 쓸데없이
　비싼 재료를 없애고 제품의 본질에 충실하되, 가격을 낮출 수 있는
　가?

· 선도 브랜드가 갖지 못한 기능을 첨가할 수 있는가?

· 선도 브랜드보다 훨씬 뛰어난 재질과 제조 방식으로 생산해 품질
　로 승부할 수 있는가?

· 문화적·사회적 호감도까지 더해 명성을 내세울 수 있는가?

그런데 실질적인 차별화 경쟁력을 갖는 것도 중요하지만, 그 차별화된 요소를 어떻게 사업계획서에 녹여 넣고, 심사위원에게 어필하느냐 역시 매우 중요합니다.

그래서 사업계획서와 심사 발표를 할 때, 꼭 준비해야 하는 것이 차별화 요소를 각인시키는 일인데, 이것은 비교를 통해 부각하는 것이 제일 좋습니다.

스타벅스와 비교해보십시오. 그 순간 작은 우리 (예비)기업이 스타벅스와 같은 반열에 있는 듯한 착각을 주게 마련입니다. 신뢰도와 능력 등이 마치 스타벅스급인 것처럼 보인다는 것입니다. 스타벅스와 경쟁자로 비추어지는 것이 아니라, 스타벅스가 제공하지 않는 것 하나를 끄집어내어 비교하고 다른 점을 부각하는 것입니다.

또는 반대로 작고 만만한 경쟁 상대의 페인 포인트를 집중해서 공략하면서 우리 (예비)기업의 우수성을 최대한 부각하는 것입니다.

이것이 바로 심사위원에게 어필하는 차별화 제시 전략입니다.

'큰 것과 비교해 올라타고, 작은 것과 비교해 강화하라.'

이것이 비교를 통해 우위를 점하는 후광효과입니다. 잊지 마시기를 바랍니다.

07

심사위원에게 실행력을 증명하라 :
준비된 자의 포스는 실행력에서 나타난다

'우아한형제들'의 김봉진 대표는 실행력이란, '문제를 푸는 능력'이라고 말합니다.

문제를 풀기 위해서는 문제를 정의하는 게 우선일 것입니다. 그렇게 문제가 확실해지고 나면 그다음엔 문제를 풀어야 하는데, 대부분의 사람들이 머리로만 문제를 풀려고 합니다. 그러나 문제는 머리로 푸는 것이 아닙니다.

문제 풀기란, 문제가 어떻게 하면 풀리는지 가설을 세워서 시도해보고, 그 가설이 맞는지 확인해나가는 과정입니다. 그 가설이 틀렸거나 과정이 틀렸다면, 다른 방법을 찾아서 또 실행해나가는 것이 문제를 푸는 길입니다. 그런 점에서 김봉진 대표는 "실행이란 상당히 논리적이다"라고 이야기합니다.

이어서 김봉진 대표는 '배달의민족'을 키운 것이 '마케팅 능력이냐?'
는 질문에 다음과 같이 대답합니다.

"실행력이 가장 큽니다. 마케팅은 덤이에요. 이건 마케팅만 잘해서
큰 회사가 없다는 걸 보면 알 수 있어요. 모든 걸 잘하고 마케팅도 잘해
야 하는 거지, 마케팅을 잘한다거나 마케팅만 잘해서 되는 게 아닙니다."
문제 풀기도 실행력이고 마케팅도 실행력입니다.

더 재미있는 것은 상상력도 실행력에서 나온다는 사실입니다.
〈싸인〉과 〈킹덤〉, 〈시그널〉 등 유명 드라마 작가로 이름난 김은희
작가는 자신의 작품 속에 나오는 시나리오의 전개나 대사는 상상에
서 나온 것이지만, 사실 그 상상력과 명대사는 현장에 있는 사람들과
의 인터뷰나 뒤풀이 장소에서 나온 것들이 대부분이라고 말한 바 있
습니다.

많은 (예비)창업자나 정부지원사업에 참여하는 사람들은 좋은 아이
디어와 잘 만들어진 사업계획서가 있으면 합격할 수 있을 것이라 생각
하지만, 이는 커다란 착각입니다. 좋은 아이디어와 잘 준비된 사업계획
서가 있다 하더라도 그 사업계획을 실행해 구현해낼 실행력이 없다면
심사위원을 감동시키기 어렵습니다.

그렇다면 실행력 또는 실행 능력이란 무엇일까요?

다시 '배달의민족'을 예로 들어보겠습니다. 배달의민족이 제공하고 있는 서비스가 누구도 흉내를 내지 못할 탁월한 아이디어인가요? 세상 사람 모두는 아니더라도 그런 비슷한 종류의 아이디어를 가진 사람은 배달의민족 이전에도 있었고, 배달의민족 창업 당시에도 있었습니다.

그런데 왜 배달의민족만 살아남았을까요?

이유는 단 하나! 바로, 실행력입니다.

배달의민족은 사업을 구상하고 간단한 배달 앱을 만들었습니다. 그러나 어느 사람도 그 앱을 거들떠보지 않았습니다. 그런데 배달의민족은 아무도 거들떠보지 않는 초창기의 조악한 배달 앱을 들고 동네 중국집을 찾아다녔습니다. 백반집을 찾아다니고 분식집도 쌀국수 가게도 찾아다니며 배달 앱을 설명하고 직접 등록해주기 시작했습니다. 속도가 매우 더디고 힘든 작업이었습니다. 모두가 호의적으로 설명을 들어주는 것도 아니었고, 싫은 소리도 많이 들었습니다.

김봉진 대표는 '배달의민족'을 시작할 때 앱이라는 게 포털과의 싸움이라면, 네이버와 싸워서 이길 순 없으니 '네이버가 할 수 없는 것을 하자'고 마음먹었다고 합니다. 네이버가 기술력과 알고리즘으로 세상을 바꾼다면, '배달의민족'은 발품을 팔기로 했다는 겁니다. 실행력은 '배달의민족'의 전략이었던 셈이지요. 동네를 골목골목 돌아다니며 전단을 모은 것도 그런 전략의 일환이었습니다.

배달 앱이 작동한다는 것을 증명하기 위해 직원들 스스로 배달 앱을 통해 주문해 중국집 사장님들을 기쁘게 만들었고, 다른 직장에 다니는 친구가 음식을 배달해 먹겠다고 하거나 야식을 먹겠다고 하면, 직원들 스스로 대신 주문해주기를 반복했습니다.

그리고 비용을 들여가며 프로모션도 하며 배달 앱의 활용도를 높여가기 시작했습니다. 그리고 어느 시점에 이르자 쫓아다니지 않아도 상인들 스스로가 상점을 등록하기 시작했고, 이용자가 스스로 음식을 배달해 먹기 시작했습니다.

그러자 이제 투자자들이 나서기 시작합니다. 가능성이 큰 사업이라며 투자금을 제공하기 시작합니다. 선순환을 만들어나가게 된 것입니다. 그리고 그 결과는 제가 설명하지 않아도 우리 모두 다 잘 알고 있는 그대로입니다.

그런데 이렇게 된 결정적인 이유가 무엇일까요? 그것이 바로 실행력 또는 실행 능력이라는 것입니다. 만일 '배달의민족'이 초창기에 힘들고 지치고 어렵고 자존심 상하는 가맹점 가입 노력을 게을리하거나 소홀히 했다면 오늘날의 배달의민족이 있을 수 있었을까요?

실행력은 이만큼 중요합니다.

(예비)기업이 정부지원자금을 받기 위해 심사위원을 감동시킬 부분도 바로 이 부분입니다. 이 (예비)사업을 위해 얼마나 많은 노력과 준비를 해왔는지 증명하는 것입니다. 아이디어뿐만 아니라 그것을 실행하며 얻은 성공 사례와 실패 사례 등을 나열하고 그 경험으로 '정부지원자금을 받는다면 이렇게 잘할 수 있다'라는 비전과 방향을 제시하면, 심사위원은 감동하게 됩니다.

'배달의민족'처럼 가맹점을 모집한 노력 같은 실행 능력을 보여주어야 합니다. 완벽하지 않더라도 실행한 흔적, 실행한 파편들이 있어야 합니다. (예비)사업계획서나 사업 아이디어를 구체화할 실행력을 보여주는 단서들이 있지 않고는 사업계획서는 한낱 종이 조각에 불과할 수도 있습니다.

실행력을 증명하는 것에는 실행의 흔적과 파편을 제시하는 방법 외에 (예비)기업의 발전에 도움이 될 기업들과 업무 제휴나 약점을 보완할 협력 등을 증명해내는 것도 좋은 방법 중 하나입니다. 단순한 초기 협업 형식의 MOU(양해각서)라도 작성해 사업계획서에 첨부한다면, 심사위원들은 사업계획을 실행할 준비가 되어가는 과정에 있다고 보게 된다는 것입니다.

사실 차별화라는 것의 가장 강력한 형태는 실행 능력의 차별화입니다. 차별화된 실행 능력을 제시한 (예비)기업의 사업계획서에 반론을 제기하기는 매우 어렵기 때문입니다. 그래서 정부지원자금을 받기 위해서는 준비와 시간이 필요합니다. 사업공고가 나오고 나서 준비한다면, 이런 실행 능력을 증명하기 어렵거나 심사위원을 설득하기 쉽지 않습니다.

그래서 정부지원사업 성공 여부는 사업계획서나 아이디어 싸움이 아니라 시간 싸움인 것입니다. 준비할 시간이 없다면 다음번에 추진하는 것이 성공 확률을 높이는 길입니다.

결국 실행력이 관건입니다. 사업 아이디어도 중요하지만, 그 아이디어를 명확하게 하는 콘셉트가 더 중요하고, 콘셉트를 강화시키고 정부지원사업의 성공 확률을 높이는 것은 실행력입니다.

그렇다면 실행력은 어떻게 키울 수가 있을까요?

1. 실행의 시작은 일단 시작하는 것입니다

책을 완성하는 가장 좋은 방법은 일단 첫 문장을 쓰는 것입니다. 두려워하지 말고 떠오른 아이디어나 사업 아이템과 관련된 무언가를 시작하는 것입니다. 관련 책의 독서도 좋고, 블로그도 좋고, 뭐든 자신이 해야겠다고 생각한 것들을 일단 시작하는 것입니다. 그리고 그 과정을 블로그나 인스타그램 등 자신의 SNS에 기록하는 것입니다. 그것이 나중에 자신이 실행한 파편의 역할을 톡톡히 하게 될 것임을 믿고, 허접해도 일단 시작하십시오.

2. 시작했다면 그 일들을 프로젝트화해서 시작과 끝이 있게 만드는 것입니다

예를 들어 실용서를 읽고 싶다면, '실용 독서 모임'을 만들고, 매일 일정한 시간에 온라인에 모여 독서를 하고 인증샷을 올리도록 프로젝트화한다는 것이지요. 이렇게 한다면 바쁘거나 다른 유혹에도 독서에 소홀해지지 않고 의무적인 독서가 가능해져서 실행 확률이 높아진다는 것입니다.

3. 실행하고 있는 프로젝트를 공포하는 것입니다

혼자 조용히 진행하는 프로젝트는 언제든 조용히 포기할 수 있지만, 남들 앞에서 공언한 경우는 실행을 완수하려는 의지가 더 생기게 됩니다. 자신이 하려고 생각하고 결심한 프로젝트를 인터넷 카페도 좋고 블로그에도 좋으니 다른 사람들에게 알리는 것입니다. 그리고 그 진행 과정을 될 수 있는 대로 모두 공유하는 것도 좋은 방법입니다.

4. 함께할 사람들을 설득하고 모집해서

할 수밖에 없는 환경으로 만들어나가는 것입니다

앞에서 예로 든 '우아한형제들'의 김봉진 대표 같은 경우도 혼자 했다면 중간에 포기할 수 있었을 것입니다. 그러나 자신과 함께한 셋째 형과 부인 등이 있었기에 중간에 포기하지 않고 계속해나갈 수 있었던 것입니다.

프로젝트를 통해 함께 갈 동료들을 모으고, 그 동료들과 정기적인 모임도 갖고 소통하면, 서로가 서로에게 자극이 되어 실행력을 높여나갈 수 있습니다.

08

심사위원이 감동하는 사업계획서에
포함시킬 핵심 포인트 및 노하우

(예비)기업의 경쟁력은 창업자의 경쟁력과 통찰력이 대부분을 차지하는 경우가 많습니다. 따라서 사업계획에 이런 부분을 잘 채워 넣는 것이 굉장히 중요합니다.

사업계획서는 투자자나 주요 사업 파트너들에게 지금 진행하려는 사업에 대해 자신을 잘 알리는 문서입니다. 따라서 정부지원을 받기로 준비하는 사업계획서라면, 심사위원에게 어필할 수 있도록 작성되어야 합니다.

시중에 사업계획서를 작성하는 방법을 소개하는 책이나 강좌가 많지만, 사업계획서를 쓰는 데 정답이 따로 존재하는 것은 아닙니다. 다만 자신이 진행하고자 하는 사업의 시장 규모, 문제점, 해결 방법, 제품, 팁 등 꼭 넣어야 하는 항목들을 잘 담으면 좋은 사업계획서가 됩니다.

여기서는 제가 지난 수년 동안 공적으로는 창업 및 정부지원사업 심사위원을 하면서 봐왔던 수많은 사업계획서와 비즈니스 모델 멘토링을 하며 느꼈던 아쉬운 점이나 자주 간과하는 것들 정리해보겠습니다.

1. 우리가 바라보는 문제점은 무엇이고, 그 문제점을 해결하기 위해 무엇을 했는가?

무엇보다 중요한 것은 우리의 서비스나 기술, 제품, 또는 솔루션이 어떻게 그 문제를 해결하거나 고객에게 어떤 가치를 줄 수 있는지 설명해야 합니다.

쿠팡의 새벽 배송은 아침 7시까지 주문한 상품을 문 앞까지 배송해주겠다는 가치를 제안했습니다. 많은 사람들이 물건을 급하게 받아볼 필요가 있는데, 그 문제가 해결되지 않아 온라인 쇼핑을 포기하고 오프라인 상점으로 발길을 돌려야 했습니다.

그런데 쿠팡은 고객이 늦은 밤에 주문하더라도 다음 날 아침이면 어김없이 문 앞에 배송하겠다는 약속을 했습니다. 이는 많은 고객에게 커다란 가치를 제공하게 되었고, 고객은 더 이상 온라인과 오프라인 사이를 오가는 줄타기를 하지 않아도 되게 되었습니다.

쿠팡은 이 문제를 해결하면서 추가적으로 배송 비용을 절감하는 혁신성도 선보였습니다. 늦은 밤과 이른 새벽에 배달하니 길이 안 막혀서 배송 효율이 올라가고, 아무도 보지 않으니 심야 배송트럭을 예쁘게 꾸며야 하는 수고와 비용도 절감할 수 있습니다. 시장이나 고객의 고통이 크면 클수록 그 문제를 해결하는 회사의 가치도 덩달아 자라나게 됩니다.

2. 자신들의 사업이 얼마만큼 발전할지 측정하고 심사위원에게 시장성을 알리는 것도 중요합니다

많은 경우, 시장 규모를 산정하거나 설명하면서 손쉽게 구할 수 있는 시장 연구기관이나 각종 미디어에서 나타난 수치를 인용하곤 하는데, 이런 경우 발생하는 문제점이 있습니다.

보통 심사위원들은 해당 분야에 대해 전문적인 지식을 가지고 있기 때문에 이런 수치들은 이미 그들의 머릿속에 다 들어 있습니다. 그런데 시장에 대해 아무런 인사이트나 고민 없이 공표된 자료에서 베껴 넣은 숫자는 오히려 창업자의 무지를 드러내 공격받기 쉽습니다.

많은 경우, 그 잘못된 시장 규모 인용으로 인해 공격받고 해명하느라 다른 중요 포인트를 설명도 하지 못하고 신뢰를 잃어버려 좋지 못한 평가를 받기도 합니다.

따라서 자신이 보는 시장이 무엇인지, 어떤 문제가 있는지, 어떤 기회가 있는지 창업가만의 통찰력을 담아야 합니다.

넷플릭스를 창업한 리드 헤이스팅스(Reed Hastings)는 당시 비디오 대여업을 분석하면서 소매점 없이 우편 배달만으로 운영하고 연체료도 없는 시장을 발견했습니다. 아마 일반 경제연구소나 정부 통계 자료 또는 증권사의 보고서만 인용했다면, 이런 시장은 존재하는지도 몰랐을 것입니다.

2007년 아이폰이 시장에 나온 지 2년 후, 2009년 세계적 리서치 기업 가트너(Gartner Inc.)는 2014년에도 여전히 심비안(Symbian OS)이 시장 점유율 1위를 차지하는 모바일 OS일 것이라 예측했습니다. 그러면서 안드로이드 OS는 불과 14.5%의 시장 점유율만 가져갈 것이라고 예상했습니다. 그러나 2012년 심비안은 시장에서 철수했고, 안드로이드는 2014년 10억 대 이상 출시되면서 시장 1위의 모바일 OS가 되었습니다.

시장 조사기관의 연구는 과거와 현재를 토대로 나온 것이기 때문에 급격히 변화하는 미래를 예측하는 데는 부적절할 수 있습니다. 오히려 창업가의 경험과 특출한 통찰력이 만들어낸 예상이 훨씬 잘 맞을 때가 많고, 이를 잘 설명할 수 있다면, 큰 신뢰와 함께 좋은 평가를 받게 될 것입니다.

3. 이 문제를 해결할 팀의 우수성을 보여주어야 합니다

사실 자신의 회사 기술이나 제품이 뛰어나다는 것을 설득하는 것은 만만치 않은 일입니다. 왜냐하면 이런 부분은 시장에서 검증이 되어야 하는데 정부지원사업의 경우, 이것이 증명되기 전에 설득을 하고 좋은 평가를 받아야 하기 때문입니다.

이때 심사위원을 설득할 수 있는 가장 좋은 방법은 창업자와 그 팀이 이 일을 가장 잘해낼 사람들이라는 점을 설명하고 설득하는 것입니다.

사업 분야에 따라 유통, 마케팅 또는 해당 분야의 박사학위가 있다거나 특정 분야의 오랜 경험이 있다면, 효과적인 설득이 가능합니다. 또는 팀 내에 그런 역량이 없다 하더라도 제휴된 사람이나 기관을 통해 그런 역량이 공급 가능함을 설명할 수 있다면, 그것도 좋은 방법이 될 수 있습니다.

하지만 가장 중요한 요소는 우리 팀이 어떻게 시장의 변화에 가장 잘 적응하고 문제를 해결하고 수많은 좌절과 실패에도 굴하지 않을 것인지를 보여주는 것입니다.

4. 자칫 사업계획서상에 과도한 용어를 선택해 이를 남발하게 되면 허풍쟁이로 전락할 수도 있습니다

다음과 같은 단어는 심사위원을 감동하게 하기는커녕 빌미가 되어 질의응답 시간에 합격과 전혀 상관없는 의미 없는 논쟁을 만들어내곤 한다는 사실을 기억해둘 필요가 있습니다.

- 원천기술 보유 : 무턱대고 원천기술을 보유하고 있다고 말하기 전에, 심사위원이 납득할 수 있는 근거를 제시해야 합니다. 자신들의 특허나 보유기술을 경쟁사 또는 세계 기술 시장의 동향이나 비교지수 등과 비교함으로써, 자신들이 개발한 기술이 정말 원천기술로 인정받을 만한 것인지를 스스로 입증해야 합니다.
- 세계 최초, 세계 1등 : 구체적인 근거를 대야 합니다. 예를 들어, '대한민국 1등 상품'보다는 '2020년 판매 1위 상품'이라는 표현이 더 구체적으로 와닿고 설득력이 있습니다.
- 월드 베스트 : 무슨 근거로 월드 베스트인지 구체적인 증거를 댈 수 없다면, 이런 말은 쓰지 않는 것이 좋습니다.
- 글로벌 리더 : 월드 베스트와 마찬가지입니다.

- 시너지 : 너무 추상적인 용어입니다. 어떻게 서로 도움이 되고 어떤 효과가 있는지 구체적으로 설명하는 게 좋습니다.
- 초격차 : 시너지와 마찬가지로 듣기에 매력적으로 보이지만, 구체성이 떨어지는 용어입니다. 지금 시장 상황에서 얼마만큼(숫자로 표현됨)의 격차가 있다고 표현하는 것이 훨씬 좋습니다.

아무리 좋은 단어라 할지라도 설명을 하지 못하거나 납득시키지 못하면, 득이 되기는커녕 낭패를 보기 십상이니 조심하는 것이 좋습니다.

또, 잘 알지도 못하면서 누군가에게 듣고 사업계획서에 포함하는 경영학 분석 기법들은 조심해서 사용할 필요가 있습니다. 흔한 예로 'SWOT' 분석이나 '4P 분석'처럼 깊이도 없이 원론적인 수준에서 분석한 내용은 넣지 않는 것이 좋습니다. 사업계획서는 창업자의 일기에서 나와야 합니다.

많은 창업가들이 사업계획서를 정부지원사업 지원 용도로만 사용합니다. 그러나 사업계획서는 회사가 나아가야 할 방향을 정확히 이해하고, 모든 구성원이 같은 방향을 보고 전진하기 위해 만드는 것입니다.

그렇기에 정부지원사업을 신청하기 전부터 사업계획서는 창업자의 일기에서 나와야 하는 것임을 기억하고 창업자가 매일매일 메모나 일기를 쓰듯이 사업계획서를 하나하나 차근차근 준비해야 합니다.

심사위원들이 좋아하는 사업계획서의 핵심 포인트

정부지원사업에 성공하는 사업계획서에는 몇 가지 공통점이 있습니다.

첫째, 60초 안에 사업의 핵심을 설명을 할 수 있도록 간단명료해야 합니다.

자신이 무엇을 해야 할지 모를 때 사업계획서가 길어집니다. 자신들이 풀어야 할 문제와 미션이 분명하면 단 몇 장의 사업계획서로도 충분합니다. 그렇게 작성된 메시지는 간결하고 명확해서 누구나 쉽게 이해할 수 있습니다.

온라인 푸드마켓 마켓컬리는 '좋은 품질의 신선식품을 이른 아침에 문 앞까지 배송해주는 사업'이라고 간단하고 명료하게 설명합니다. 음식을 신선하게 고객에게 배달하는 문제는 항상 시장의 큰 숙제였는데, 마켓컬리는 고객이 밤늦게 주문하더라도 다음 날 아침이면 문 앞에 배송되도록 하는 사업임을 분명하게 설명합니다.

둘째, 남의 이야기가 아닌 창업자 자신의 통찰력을 담아냅니다.

온라인 커머스가 코로나로 인해 향후 2년 이내에 전체 상거래의 50%를 점유할 것이라는 연구보고서나 기사를 인용하는 등의 누구나 아는 사실이 아니라, 자신의 경험과 깊은 고민을 바탕으로 자신만의 통찰이 담긴 시장 분석을 해야 합니다.

누구나 스마트폰 앱에 기반한 음식 배달과 정보 제공 시장이 커질 것을 알았지만, 자신의 경험을 바탕으로 시장에 진출한 사람은 거의 없었습니다. 그러나 배달의민족 김봉진 대표는 강남 지역부터 음식점 정보를 모아 모바일 앱으로 제공했고, 식당 정보를 얻기 위해 길거리에서 전단을 주워오는 일도 마다하지 않았습니다. 치킨과 중국 음식 배달에 성공한 배경에는 이렇게 골목길에서 얻은 자신의 지식과 경험이 중요하게 작용했던 것입니다.

셋째, 앞으로 하겠다는 계획이 아니라 지금까지 해온 일을 작성합니다.

사업계획서에 아무리 거창한 계획과 비전을 담아봐야 아무런 소용이 없습니다. 단 하나라도 실행하거나 실험해보고 얻은 결과를 담아내야 합니다.

여성 맞춤 구두를 디자인하고 판매하는 '트라이문'의 김사랑 대표는 처음 아이디어를 낸 후, 10명의 고객을 만나는 것부터 시작했습니다. 고객들을 일일이 찾아가서 자신의 제품과 비즈니스 모델을 적용해보고, 의견을 듣고, 관찰하고, 수정한 후에 그다음 100명의 고객을 찾아서 같은 과정을 반복했습니다.

많은 실험 속에 시행착오를 개선할 수 있었고, 점차 처음의 사업계획서와는 많이 다른 비즈니스 모델을 만들 수 있게 되었습니다. 사업계획서에는 자신이 이미 어떤 실험을 했고, 어떤 결과를 얻었으며, 이를 토대로 앞으로 어떻게 하겠다는 이야기를 담아야 합니다. 자신이 한 일은 없이 무작정 계획만 나열해놓은 사업계획서는 심사위원을 감동시킬 수 없습니다.

사업계획서를 쓰기 전에 먼저 그 아이디어를 작게나마 실행해보고 여러 가지 테스트를 해보며 검증하는 것은 필수입니다. 검증된 프로세스를 더 적극적으로 완벽하게 실행하려고 작성하는 것이 사업계획서입니다.

많은 사람들이 이런 사전 준비와 검증의 단계를 건너뛰고 무작정 머리에서 상상한 대로 사업계획서를 작성합니다. 그러나 이런 사업계획서는 상상 속에서 쓴 아이디어에 불과하고, 심사위원은 이런 사업계획서에 현혹되지 않는다는 점을 명심해야 합니다.

09

심사위원도 한눈에 알아보는
사업계획서 작성 간편 모델 활용법

많은 사람들이 사업계획서를 보고 비즈니스 모델이 좋다거나 모호하다는 등 이렇게 저렇게 말을 하며 어떻게 하면 비즈니스 모델을 명확히 할 수 있는지 자주 묻곤 합니다.

그렇다면 비즈니스 모델(Business Model : BM)이란 무엇일까요? 돈은 어떻게 벌어야 할까요?

많은 창업자들이 착각하는 것 중의 하나가 간단한 사업 아이디어를 떠올리고 앱이나 웹을 만들어 고객이나 사용자를 모으고 어느 정도 운영하면서 트래픽이 나오면 돈은 저절로 벌린다고 생각하는 것입니다.

더 심한 경우는 비즈니스 모델이 무엇인지도 모르고 아이디어 하나만 가지고 정부지원사업 사업계획서를 작성하는 사람도 있습니다.

그러나 현실은 절대 만만하지 않습니다. 과거에는 웬만하면 정부지원도 받고 돈도 벌 수 있었지만, 요즘에는 자신의 실속만 차리는 소비자들이 많아지고 기업 간 경쟁도 심화되어 명확한 비즈니스 모델 없이는 정부지원사업에 합격할 수도 없지만, 설사 합격한다고 할지라도 생존 능력이 없어 곧 사라지게 됩니다.

많은 스타트업, 특히 앱 비즈니스를 하는 다수의 기업들이 기본적인 기능은 무료로 제공하고, 고급 기능에 대해서만 돈을 받는 모델을 적용하겠다고 하는데 쉽게 유의미한 매출이 나오지 않아 고전하는 경우가 많습니다.

따라서 창업 초기부터 성장 단계별 비즈니스 모델, 특히 수익 모델을 구축해 지속적으로 테스트를 하면서 돈을 벌 수 있는 구조를 만들어야 합니다. 많은 사람들이 비즈니스 모델과 수익 모델을 혼동해 사용하는데, 수익 모델은 비즈니스 모델의 부분집합 정도로 생각하면 됩니다.

비즈니스 모델이란, 기업의 제품이나 서비스의 전달 방식, 수익을 창출하는 방법 등을 정리한 모형을 말합니다. 비즈니스 모델을 구성하는 여러 요소 중에서 가장 핵심이 되는 것은 스타트업이 생존하는 데 필요한 수익 모델입니다. 대표적인 수익 모델에는 물품 판매, 가입비 또는 이용료, 라이센싱, 중개수수료, 대여료·임대료, 광고 수입 등이 있습니다.

기업의 수익 모델은 대부분 다음의 6가지로 구분됩니다.

- 물품 판매 : 전자제품 회사와 같이 자체적으로 제품을 생산하고 스스로 판매도 하는 기업 또는 도매상에서 상품을 구입해 온라인 및 오프라인상에서 판매하는 쇼핑몰 등
- 가입비 또는 이용료 : 넷플릭스(Netflix), 멜론(Melon)과 같은 영상이나 음원 스트리밍 서비스. 일명 구독 서비스
- 라이선싱 : 카카오프렌즈, 라인프렌즈 같은 캐릭터, 기술, 특허, 브랜드 등에 대한 지식재산권을 빌려주고 돈을 받는 사업 구조
- 중개수수료 : 아마존, 11번가, 이베이(eBay)와 같은 대부분의 이커머스플랫폼, 부동산 중개업
- 대여료·임대료 : 패스트파이브(Fast Five) 등 공유 오피스, 건물 임대료, 각종 렌탈 사업
- 광고 : 네이버, 카카오와 같은 대형 인터넷 포털, 방송국, 신문사, 잡지사 등

비즈니스 모델은 백지 상태에서 직접 작성하기보다는 기존에 잘 만

들어진 프레임워크(Framework)를 이용하는 것이 편리하고 좋습니다.

가장 대표적으로는 비즈니스 모델 캔버스(Business Model Canvas)가 있습니다. 그 밖에 린 캔버스(Lean Canvas), 비즈니스 서바이벌 캔버스(Business Survival Canvas) 등 다양한 비즈니스 모델 프레임워크가 있으니 각자의 상황과 형편에 따라 적절한 모델을 도입해서 작성하면 됩니다.

비즈니스 모델 캔버스는 사업 모델을 구성하고 있는 핵심 요소들을 한 장의 표로 시각화해 평가하는 방법론입니다. 비즈니스 모델 캔버스의 9가지 핵심 요소를 간략히 정리하면 아래와 같습니다.

사업 모델을 구성하는 9가지 핵심 요소

① 핵심 활동(Key Activities)

- 가치를 만들어내기 위한 주요 활동
- 경쟁사 대비 잘하고 있는 것은 무엇인가?

② 핵심 파트너(Key Partners)

- 사업을 하기 위해 필요한 외부 이해관계자
- 혼자 다 할 것인가? 아니면 외부 협력사를 활용할 것인가?

③ 핵심 자원(Key Resources)

- 이 사업을 위해 꼭 필요한 자원은 무엇인가?

- 물적 자원(장비, 자원, 부품 등), 인적 자원, 기술 자원, 지식재산권 등

- 고객을 확보하고 관계를 유지하면서 상호작용하기 위한 방법
- 우리의 제품이나 서비스를 계속 판매하기 위한 마케팅 활동

- 우리의 진짜 고객은 누구인가?
- 고객군을 세분화해 우리의 제품이나 서비스를 누구에게 팔 것인지 정의해야 함.

- 고객에게 전달하려는 유무형의 가치, 차별화 요소
- 고객이 구매하려는 이유

- 기업의 가치를 전달하는 방식, 온·오프라인 전략 또는 유통채널 등
- 기업과 고객이 만나는 접점

- 이 사업을 하기 위해 어떤 비용이 얼마나 드는가?
- 고정비, 변동비, 인건비 등

- 사업을 통해 어디에서 얼마나 벌 수 있는가?
- 제공하는 제품이나 서비스의 대가로 지불하는 방식, 흔히 말하는 수익 모델

다음의 비즈니스 모델 캔버스 템플릿을 이용해 스스로 공란을 채워 보다 보면 자신이 전혀 생각하지 못한 창의적인 아이디어가 나오기도 하고, 한 공간에서 오래 일을 해왔음에도 불구하고 신기할 만큼 각자 다른 생각을 하고 있다는 것도 알게 됩니다.

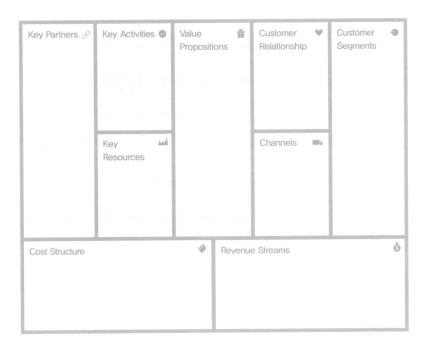

이 캔버스 모델을 작성하며 함께 토론하고 의견을 모아 방향성을 정리하면서 더 탄탄하고 성공 가능성이 큰 비즈니스 모델을 만들어보고, 그것을 바탕으로 사업계획서를 작성하기를 추천합니다.

다음의 기존 기업들의 비즈니스 모델 캔버스를 샘플로 보며 자신만의 비즈니스 모델 캔버스를 채워 넣어보기 바랍니다.

샘플 비즈니스 모델 모음

카카오

Key Partners 🔗	Key Activities ✅	Value Propositions 🎁	Customer Relationship ♥	Customer Segments 🙂
- 이동통신사 - 콘텐츠 개발사 - 투자사	- 모바일 메시징 - 모바일 앱	- 무료 메신저 - 사진 공유 - SNS - 게임 - 디지털 콘텐츠	- 유저 커뮤니티 - 개발자 플랫폼 - 마케팅 플랫폼	- 스마트폰 사용자 - 플친 제휴업체 - 게임 개발사 - 광고주
	Key Resources ⛰️		Channels 🚚	
	- 카카오 플랫폼 - 사용자 그룹 - 브랜드 파워		- 모바일 앱 - PC(Web)	

Cost Structure 💸	Revenue Streams 💰
- 데이터센터 유지관리비 - 광고비 - 인건비	- 기본 사용자 무료 - 판매 수수료(기프티콘, 이모티콘, 게임, 페이지 등) - 광고 수익

샤오미

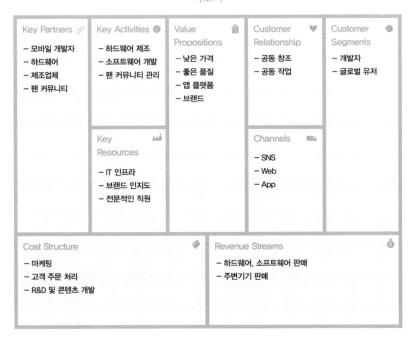

Key Partners 🖉
- 모바일 개발자
- 하드웨어
- 제조업체
- 팬 커뮤니티

Key Activities ✅
- 하드웨어 제조
- 소프트웨어 개발
- 팬 커뮤니티 관리

Key Resources 📊
- IT 인프라
- 브랜드 인지도
- 전문적인 직원

Value Propositions 🎁
- 낮은 가격
- 좋은 품질
- 앱 플랫폼
- 브랜드

Customer Relationship ♥
- 공동 창조
- 공동 작업

Channels 🚚
- SNS
- Web
- App

Customer Segments 🛍
- 개발자
- 글로벌 유저

Cost Structure 🍃
- 마케팅
- 고객 주문 처리
- R&D 및 콘텐츠 개발

Revenue Streams 💰
- 하드웨어, 소프트웨어 판매
- 주변기기 판매

Key Partners 🔗	Key Activities ✅	Value Propositions 🎁	Customer Relationship ❤️	Customer Segments
− 하드웨어 제조업체 − 커피 생산업체 − 유통업체	− 커피머신 제조 − 캡슐 제조 − 마케팅	− 질 좋은 − 고급 커피를 − 언제, 어디서나	− 멤버십 회원 관리 − 정기 배송	− 집&회사에서도, 카페에서와 같이 고급 커피를 마시고 싶어하는 고객
	Key Resources 📊 − IT 인프라 − 브랜드 인지도 − 전문적인 직원		Channels 📱 − SNS − Web&App − Call − Offline	

Cost Structure 🏷️	Revenue Streams 💰
− 하드웨어 제작 및 배송 − 마케팅 − 고객 주문 처리	− 네스프레소 커피머신 판매 수익 − 커피 캡슐 판매 수익

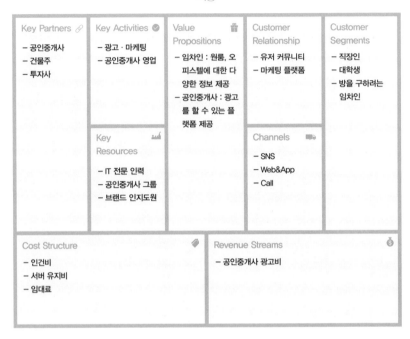

Key Partners 🔗	Key Activities ✅	Value Propositions 🎁	Customer Relationship	Customer Segments
- 공인중개사 - 건물주 - 투자사	- 광고 · 마케팅 - 공인중개사 영업	- 임차인 : 원룸, 오피스텔에 대한 다양한 정보 제공 - 공인중개사 : 광고를 할 수 있는 플랫폼 제공	- 유저 커뮤니티 - 마케팅 플랫폼	- 직장인 - 대학생 - 방을 구하려는 임차인
	Key Resources 📊 - IT 전문 인력 - 공인중개사 그룹 - 브랜드 인지도원		Channels 🚚 - SNS - Web&App - Call	

Cost Structure 🏷️	Revenue Streams 💰
- 인건비 - 서버 유지비 - 임대료	- 공인중개사 광고비

사업계획서(Business Plan)는 사업 아이템을 실행 가능한 구체적인 계획으로 발전시킨 자료입니다. 사업의 타당성을 다양한 각도에서 체계적으로 점검하고 발생 가능한 변수를 명확히 분석함으로써 위험요인을 사전에 제거하는 데 활용할 수 있습니다.

또한 신규 사업을 진행할 때 일정을 계획대로 진행할 수 있어 비용을 절감할 수 있고, 프로젝트 추진 상황을 관리하고 평가하는 핵심 자료입니다. 사업계획서에는 비즈니스 모델의 성장성, 수익성, 지속가능성 등을 담아내야 합니다.

그리고 사업계획서는 TPO, 즉 Time, Place, Occasion에 따라 다르게 작성해야 합니다. 대부분 공통적인 내용이 많지만, 투자 유치용, 회사 소개용, 기술 평가용, 입찰 제안용, 제휴 제안용 등 여러 목적에 맞게 디테일한 내용이 조금씩 달라야 합니다.

그중에서 투자 유치를 위한 사업계획서는 보통 IR(Investor Relation)용이라고 표현합니다. 회사의 성장성, 수익성, 경쟁력, 지속가능성 등을 간단명료하게 데이터(Data)와 사실(Fact)을 기반으로 작성해야 합니다.

예비창업자나 초기 스타트업이라면 시장의 존재 가능성, 초기 진입장벽 또는 극복 가능성, 창업자 또는 팀의 우수성 등을 어필해야 합니다.
그리고 어느 정도 성숙기에 접어든 스타트업들은 수익성, 매출, 영업이익, 재무 건전성, IPO 가능성, 글로벌 진출 가능성, 투자금 회수 가능성 등의 자료를 포함해야 합니다.

심사위원에게 자신의 비즈니스가 무엇인지 명확하게 이해시키고 각인시키며 설명하는 용도뿐만 아니라 실제로 자신의 비즈니스 모델을 만들고 적용하기 가장 편하고 쉬운 또 다른 사업계획서 작성 방식 중의 하나가 바로 린 캔버스입니다.

린 캔버스는 기본적으로 비즈니스 모델 캔버스를 변형한 형태를 띠고 있습니다. 물론 비즈니스 모델 캔버스와는 몇 개의 결정적 차이점이 있습니다.

린 캔버스 모델의 9가지 구성 요소

비즈니스 모델과 린 캔버스 모델의 차이점을 간단하게 살펴보면, 린 캔버스는 비즈니스 모델의 '핵심 활동'과 '핵심 자원'을 '해결책'과 '핵심지표'로 표현하고 있으며, '고객 관계'를 '일방적 경쟁 우위'로 바꿔서 표현하고 있습니다.

그리고 결정적인 차이점이 있다면, 비즈니스 모델 캔버스의 경우 창업 기업도, 이미 사업을 진행하고 있는 기업도 모두 다 적용할 수 있는 반면, 린 캔버스의 경우에는 창업 기업에 적용하기 편하도록 특화되어 있다고 보면 됩니다.

왜냐하면 비즈니스 모델 캔버스는 고객 세그먼트, 채널, 고객 관계를 먼저 중요하게 생각해서 이것을 기반으로 사업의 수익원과 비용구조를 파악하는 데 비해 린 캔버스는 문제점과 해결방안을 집중적으로 추적하고 있기 때문입니다.

경쟁 관계에서도 비즈니스 모델 캔버스는 가격, 비용 같은 제안 가치에 집중하는 데 비해 린 캔버스는 일방적인 경쟁 우위를 선점하는 방식에 집중합니다.

그러면 린 캔버스를 좀 더 자세히 살펴보겠습니다.

린 캔버스는 다음과 같이 총 9가지로 나뉘어 있습니다.

- 고객이 가장 힘들어하는 페인 포인트(Pain Point)를 확인하는 부분
- 목표 고객인 고객군
- 제품을 구입해야 하는 이유와 다른 제품과의 차이점을 설명하는 고유 가치 제안
- 문제 해결방안
- 고객에게 가치를 제안하는 경로인 채널
- 매출 모델이나 생애 가치, 매출, 총이익 등의 수익원
- 고객 획득 비용과 유통 비용, 호스팅, 인건비 등의 기업에서 지출하는 비용 구조
- 다른 제품이 쉽게 흉내 낼 수 없는 특징인 일방적 경쟁 우위
- 고객 피드백 등 측정해야 할 활동인 핵심 지표

린 캔버스 모델(The Lean Canvas Model)

Problems 문제
고객의 핵심 문제 3가지

Customer Segments 고객군(고객 세분화)
구체적으로 어떤 고객들과 만날 것인가?

Unique Value Propositons 고유의 가치 제안
고객이 얻을 수 있는 차별화된 가치들

Solution 해결책
문제 해결을 위한 핵심 3가지

Channels 채널
상품·서비스를 전달하는 매개체, 매개조직들

Revenue Streams 수익원
수익이 발생하는 구조

Cost Structure 비용 구조
사업을 수행하고 수익을 창출하기 위해 필요한 비용

Unfair Advantage 일방적 경쟁우위(고객 관계)
경쟁사와 우위에 설 수 있는 요소

Key Metrics 핵심지표(핵심자원)
진행상황 측정 도구들

그러면 이 린 캔버스를 어떻게 적용하는지 우리가 잘 알고 있는 공유 경제 서비스에 기반을 두고 있는 우버를 예로 들어 설명해보겠습니다.

1. 문제

문제는 새로운 비즈니스를 설계할 때 굉장히 중요합니다. 왜냐하면 고객의 불편함을 파악하는 부분이 바로 이 문제 부분이기 때문입니다. 기존의 생활에서 어떤 것들이 불편했는지 확인하고, 그 문제를 해결하기 위한 솔루션으로 사업의 기회를 보는 것입니다.

린 캔버스의 가장 중요한 핵심은 고객에게 필요한, 고객의 니즈에 맞는, 요구사항에 맞는 제품이나 서비스를 개발하는 것에 중점을 두고 있기 때문에 이 문제에 대한 파악이 매우 중요합니다.

그다음에는 그 문제를 해결해줄 제품이나 서비스를 찾는 것입니다. 만약 있다면 그들이 해결해주는 것과 그렇지 못한 부분은 무엇인지 확인하고, 그걸 고객이 원하는 건지, 아니면 대안이 없어서 그냥 사용하는 건 아닌지 확인하고, 그 부족한 부분을 채울 수 있는 것이 있다면 그 플러스 알파가 우리의 특장점, 우리의 기술이 되는 것입니다.

우버의 경우, 언제 어디서든 빨리 택시를 타고 싶은 고객과 빈 차로 놀고 있는 소유주의 수익 발생을 가장 큰 문제로 보고 있습니다.

2. 고객군

고객군은 고객 세그먼트입니다. 고객 세그먼트란, 고객을 세분화해서 목표 고객을 찾아가는 과정이라고 생각하면 됩니다. 문제점을 기반으로 우리 제품이나 서비스를 구매할 고객을 세분화, 구체화시키는 과정입니다.

창업 기업은 초기 인지도가 없기 때문에 사용자 확보에 대한 어려움이 있고 이미 고객들이 기존의 대안에 안주하고 있는 경향이 있기 때문에 안주하고 있는 고객들이 우리 제품이나 서비스를 돌아보게 할 수 있는 콘셉트가 필요합니다.

우리나라의 경우 기존 대안이 있다면 카카오 택시를 예로 들 수 있습니다. 우버를 타는 계층으로는 우선 상류층, 사업가, 전문직 종사자, 중산층 등 택시 이용객들이 1차 고객군이 됩니다.

3. 고유의 가치 제안

그다음으로 살펴볼 부분은 고유의 가치 제안입니다.

린 캔버스뿐만 아니라 모든 비즈니스에서 고려하고 고민을 해야 할 가장 중요한 부분입니다.

'고객들에게 어떤 가치를 줄 수 있을 것인가?', '어떤 가치를 고객에게 제안할 것인가?'는 제품이나 서비스가 가진 차별점을 보여주는 부분이며, 고객이 관심을 끌 가치가 있는 이유에 관해 설명하는 부분입니다. 우리 제품과 서비스가 기존 제품과 서비스와 무엇이 다른지에 대한 설명 포인트라고 보면 됩니다.

4. 해결책

해결책이라 하면 MVP(Most Viable Product), 즉 최소기능제품, 다른 말로 설명하자면, 우리가 제안하고자 하는 제품과 서비스의 최소기능을 포함한 시제품이나 시범 서비스라고 보면 됩니다. 빼서는 안 될 핵심 기능이라고 생각하면 됩니다. 이 해결책 부분이 비즈니스 모델 캔버스와 다른 부분이기도 합니다.

우버의 경우 자신의 고객군인 승객과 운전자에게 제시하는 해결책과 가치 제안은 ① 결제가 쉽고 빠르고, ② 고객 만족 서비스가 있고, ③ 운전자를 평가할 수 있고, ④ 가격 알림 서비스, ⑤ 각 나라 법규에 맞는 사전 승인, ⑥ 기다리지 않고 탑승할 수 있다는 점, ⑦ 운전자 입장에서 높은 효율성 등을 해법으로 제시하고 있습니다.

5. 채널

채널 부분은 비즈니스 모델 캔버스와 동일하며, 어떤 경로를 통해 고객과 소통을 할 것인가를 살펴보는 부분입니다.

우버는 초기 모바일 앱을 채널로 활용했으며, 그다음 확장 채널로 바로 푸시 알림 서비스와 시스템을 활용했습니다.

6. 수익원

다음 부분은 수익원입니다. 수익원 자체를 측정하기는 쉽지 않은 일입니다. 그러나 고객이 그만한 가치를 느끼고, 그에 대한 가격을 어느 정도 지불할지 미리 책정해보는 것은 매우 중요합니다.

사업을 진행해가며 변경할 이유가 생기기도 하지만, 이것을 책정해 두지 않으면 모든 비즈니스에 대한 고민 자체가 물거품이 될 수 있습니다. 가격은 제품의 가치를 측정하는 방법이기도 하며, 제품과 서비스의 일부이기 때문에 꼭 측정해두는 것이 필요하고 중요합니다.

그리고 그것이 정해져야 고객의 가치를 측정할 수도 있기 때문입니다. 우버의 수익원은 운행 수수료, 장비 또는 자동차 대출 수수료 등을 제시하고 있습니다.

7. 비용 구조

다음은 비용 구조입니다. 사업을 할 때 발생할 비용에 대해 예측해 보는 것입니다. 이것 또한 빼놓을 수 없는 부분입니다. 이 비용 규모를 알아야 우리가 하고자 하는 비즈니스의 투자 규모를 알 수 있기 때문입니다.

그리고 그 비용을 우리가 자체적으로 조달해야 하는지, 투자한다면 어느 영역에 우선 투자할 것인지, MVP를 제작하는 데 투입될 비용은 얼마나 되는지 등을 작성해봐야 합니다.

비용 구조 측정은 고정비와 변동비로 나눠서 측정합니다. 그리고 수익원과 비용 구조를 살펴본 후, 손익분기점은 어떻게 달성될 것인지 확인하는 것과 아울러 손익분기점에 도달하려면 얼마나 많은 시간이 필요한지도 측정해볼 필요가 있습니다.

우버의 경우 자동차에 투자하지 않아도 된다는 장점이 있습니다. 수리 비용이나 보험 비용 등이 들어가지 않습니다. 대신 정부의 규제 관련 비용을 어떻게 절약할 수 있느냐가 관건이 될 수 있고, 서비스 제공자를 고용하지 않아도 된다는 장점 역시 가지고 있습니다.

8. 일방적 경쟁 우위

여기에서 말하는 일방적 경쟁 우위라는 말의 뜻은 무엇일까요?

비즈니스를 처음 시작하는 입장에서 경쟁자가 없거나 경쟁자가 생긴다고 하더라도 우리의 비즈니스를 쉽게 따라 할 수 없거나 커다란 비용을 지불해야 따라 할 수 있다면 굉장히 유리할 것입니다.

많은 창업자들이 찾고자 노력하는 경쟁 우위 중 대표적인 것이 바로 선발자의 우위입니다. 선발자의 우위란 누구보다 먼저 시작해 남들로 하여금 따라오지 못하도록 하는 것입니다. 100m 달리기 경주를 예로 든다면, 남들보다 출발 신호가 나기 전에 미리 출발하는 것입니다. 이렇게 되면 굉장히 유리할 것입니다.

그러나 먼저 시작했다 하더라도 명확한 선발자의 우위를 만들어놓지 못한다면 단순히 먼저 시작한 것만 두고는 우위를 유지할 수 없습니다. 나는 걸어가는데 상대방은 뛰어오거나 차를 타고 올 수 있기 때문입니다. 그래서 선발자가 후발자나 추격자들에게 추월당하는 경우가 생기므로 확고한 일방적 경쟁 우위를 갖추는 것은 매우 중요합니다.

우버의 경우,

첫 번째, 선발 우위,

두 번째, 운전자와 고객에게 권한을 부여하는 것,

세 번째, 높은 품질의 고객응대나 브랜드 인식 제고,

마지막으로 유명 인사 추천 등을 일방적 경쟁 우위로 볼 수 있습니다.

앞에서 말한 것들 이외에도 경쟁 우위에 들어갈 수 있는 부분을 찾아보면 다음과 같은 것들이 있습니다.

• 내부자 정보
• 커뮤니티
• 개인적인 권위
• 대규모 네트워크 효과
• 환상적인 팀
• 검색 엔진 최적화
• 최적화 순위
• 적절한 전문가의 지지
• 기존 고객 확보

9. 핵심 지표

마지막 핵심 지표는 사업의 진행 상황을 측정할 지표를 말하고 있습니다. 측정하지 않으면 잘하고 있는지 잘못하고 있는지 알 수가 없습니다. 그래서 우리가 비즈니스를 잘하고 있는지, 잘못하고 있는지 알 수 있는 측정 지표를 선정하는 것도 매우 중요합니다.

우버의 경우 고객과 운전자가 함께하는 더 큰 공유 커뮤니티 구축, 고객과 운전자를 위한 마켓 플레이스, 플랫폼 구축을 핵심 지표로 삼고 있습니다. 이 핵심 지표를 통해 우리 기업만의 성과 데이터를 만들고, 이 데이터의 피드백을 통해 제품이나 서비스를 되돌아보고 업그레이드하는 것입니다.

이상과 같이 우버의 예를 통해 린 캔버스를 활용해서 사업계획을 어떻게 만들어나가는지 알아보았습니다.

린 캔버스를 사용하면 자신의 사업계획을 더욱 쉽고 빠르게 작성할 수 있고, 전체적인 내용을 일목요연하게 파악할 수 있는 장점뿐만 아니라 심사위원에게도 콘셉트를 간단하고 명쾌하게 전달할 수 있어 좋은 성과를 기대할 수 있습니다.

린 캔버스는 본인들의 창의성 계발과 창의적으로 비즈니스 사고를 하기 좋은 툴 중 하나이므로 확실하게 인식하고 유용하게 활용하기를 바랍니다.

    또한 린 캔버스를 통해 창의적인 디자인 사고와 프로세스를 만들기도 쉽다는 점도 기억하기를 바랍니다.

10

정부지원사업은 정보 싸움이다 : 확인하고 또 확인하라

정부지원사업은 아이디어와 실력, 그리고 실행력 싸움 이전에 정보 싸움이 우선입니다. 어떠한 정부지원사업이 있는지 확인하고, 각 지원 사업의 목적에 맞게 미리 준비하는 것이 중요합니다.

여기에서는 1인지식기업이나 스타트업이라면 꼭 알아야 할 정부지 원사업 사이트를 소개하려고 합니다.

먼저 정부지원사업 안내 사이트 소개에 앞서 중소기업의 분류와 스 타트업의 정의에 대해 살펴보도록 하겠습니다. 먼저 중소기업은 근로 자 수, 매출액, 자본금 등으로 분류하는데, 업종마다 조금씩 차이가 있 습니다.

- 제조업 근로자 수 300명 미만이거나 자본금 80억 원 이하
- 광업·건설업·운수업 근로자 수 300명 미만이거나 자본금 30억 원 이하
- 도소매·서비스업(세부 업종별로 기준이 다름) 근로자 수 50명 미만부터 300명 미만까지, 매출액은 50억 원 이하부터 300억 원 이하까지

그럼, 스타트업은 어떤 회사를 말하는 것일까요? '스타트업'이라는 단어는 '신생 창업 기업'을 뜻하는 말로, 스타트업의 성지인 미국 실리콘밸리에서 처음 사용되었습니다. 스타트업을 '벤처기업'이라고도 부르는데, 미국에서 스타트업(Startup)은 '새로운 분야에 도전해 급속하게 성장하는 것을 목표로 하는 회사'라는 뜻으로도 사용됩니다.

마이크로소프트, 애플, 구글, 아마존닷컴과 같은 IT 기술 기업이나 페이팔, 스냅챗, 트위터, 우버 등과 같은 기업이 스타트업으로 시작한 회사입니다.

우리나라 벤처기업협회에서는 스타트업을 '개인 또는 소수의 창업인이 위험성은 크지만, 성공할 경우 높은 기대수익이 예상되는 신기술과 아이디어를 독자적인 기반 위에서 사업화하려는 신생 중소기업'이라고 정의하고 있습니다.

"사업을 하는 데 정부나 지자체로부터 어떤 도움을 받을 수 있나

요?"

실제로 중소기업이나 스타트업을 운영하는 새내기 경영인들은 막상 어떤 도움이 필요한지, 어떤 부분이 채워지면 기업 운영에 도움이 될지 명쾌하게 답변하지 못하는 경우가 많습니다. 왜냐하면 기업 경영에 필요한 요소들이 무엇인지 알지 못하기 때문입니다.

그렇다고 단순히 돈을 지원해주는 것만이 정답일까요?

정부나 지자체들은 자금 지원은 물론이고 교육, 컨설팅, 공간 지원, 판로 개척, 기술 지원, 테스트베드 사업 등 다양한 영역에서 도움을 준다는 사실을 알고 필요한 부분을 지원받았으면 좋겠습니다.

다음에 소개하는 정부지원사업 사이트들을 참고해 자신에게 적합한 지원을 받을 수 있도록 정보 수집 안테나를 세우고 집중해야 합니다.

7년 이하의 스타트업이라면? - K-Startup 창업지원포털

중소벤처기업부가 운영하는 K-스타트업 창업지원포털(www. k-startup.go.kr)은 창업 7년 이하 기업이 이용하기 편리한 정부지원사업 사이트입니다.

예비 창업 단계부터 3년 미만의 초기, 3~7년 사이의 도약 단계까지 기업별 맞춤형 지원을 합니다. 스타트업을 사업화하는 데 필요한 지원부터 창업 교육, 시설·공간·보육, 멘토링·컨설팅, 행사·네트워크, R&D까지 다양한 정보를 얻고 지원을 받을 수 있습니다.

주기적으로 홈페이지를 접속해 정부지원사업 공고를 확인해보기 바

랍니다. 특히 연초에 크고 다양한 형태의 지원사업 공고가 올라오니 꼭
확인하기를 바랍니다. 어떤 도움을 어떻게 받아야 할지 모르겠다면,
[사업소개 〉 멘토링·컨설팅 메뉴]를 통해 창업과 관련된 조언을 듣고
방법을 찾을 수 있습니다.

 K-Startup 창업지원포털 접속 URL
www.k-startup.go.kr

수출과 해외 진출이 목표라면?
- KOTRA(코트라) 스타트업 지원 사업

84개국, 127개의 해외무역관의 거점을 두고 있는 코트라(KOTRA)도 스타트업 지원사업을 활발하게 합니다.

주로 스타트업의 해외 진출을 적극적으로 돕는데, Pre Series A(해외 진출을 희망하는 초기 단계 스타트업 및 예비 창업자 대상) 단계 이하부터 Series A(해외 진출 준비를 하고자 하는 시리즈 A, B, C 스타트업) 단계 이상까지 맞춤형 지원을 합니다.

초기 스타트업 단계는 글로벌 역량 강화 교육과 주요 국가의 크라우드 펀딩 플랫폼 입점 지원사업, 글로벌 셀러 육성사업 등을 진행하며, 시리즈 A단계 이상부터는 글로벌 기업의 오픈 이노베이션 수요를 발굴해 매칭하고, 시장 조사·컨설팅·멘토링·바이어&투자자 발굴 등 단계에 맞춰 적극적인 지원사업을 제공합니다. 또한, 해외 주요 전시회에서 진행하는 피칭 대회나 콘퍼런스 참가를 위해 각종 지원을 아끼지 않습니다.

KOTRA 접속 URL
www.kotra.or.kr

중소기업 지원사업 정보를 한눈에 담다! - 기업마당

중소벤처기업부가 운영하는 기업마당은 스타트업보다는 중소기업에 포커스를 맞춘 사이트입니다. '비즈인포'라고도 불리며, 정부의 모든 지원 제도 공고를 확인할 수 있습니다.

기관별로도 정부사업을 확인할 수 있는데, 지원사업 전체를 한눈에 확인할 수 있다는 점이 장점입니다. 자금 지원은 물론 금융, 기술, 인력, 수출, 내수, 창업 등 다양한 분야에서 도움을 받을 수 있으며, 사이트 내에서 정책 확인에서부터 사업 확인, 신청까지 한 번에 이뤄져 매우 편리합니다.

기업마당 접속 URL
www.bizinfo.go.kr

중기부 산하에 흩어져 제공되던 서비스를 한 번에!
– 중소벤처24

합격은 준비에 있다! 심사위원을 감동시킬 준비를 하라

각종 국가지원사업을 준비하고 민원을 처리하다 보면 기업 관련 인증·증명(확인)서 발급을 할 일들이 많습니다. 중소벤처기업부에서 운영하는 중소벤처24는 기업 관련 인증이나 증명서 발급 및 지원사업 안내와 신청 등 다양한 업무를 한 번에 처리할 수 있어 새내기 기업인들의 수고를 덜어주고 있습니다.

중소기업부 산하에 있는 다양한 기관에 흩어져 제공되던 서비스를 한곳에서 통합해 제공받을 수 있는 중소벤처기업을 위한 포털 사이트로 기업을 운영할 때, 놓치고 있는 정보가 없는지 이곳에서 확인하기를 바랍니다.

 중소벤처24 접속 URL
www.smes.go.kr

콘텐츠 관련 사업을 하고 있다면 주목! - 한국콘텐츠진흥원

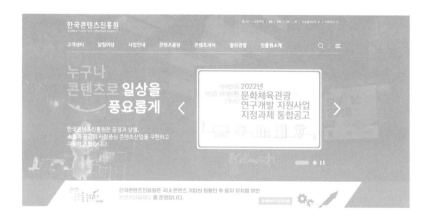

K-드라마, K-웹툰 등 한국의 콘텐츠가 글로벌 경쟁력을 갖추면서 요즘 콘텐츠를 기반으로 하는 중소기업&스타트업의 숫자가 점점 많아지고 있습니다. 콘텐츠에 기반한 기업을 운영하고 있다면, 한국콘텐츠진흥원 사이트에서 유용한 정보를 얻을 수 있습니다.

주요 제작 지원사업은 게임, 만화, 애니메이션, 캐릭터·라이선싱, 음악, 패션, R&D, 방송, 지역, 스토리, 뉴콘텐츠, 공통 등 12개 장르 및 기능과 지원 단계로 분류해 진행되고 있습니다. 지원 단계는 기획·인큐베이팅(기업 육성, 인력 양성, 연구·백서·실태조사, 인프라) 등, 제작(제작 지원, R&D, 금융 지원), 유통(해외 진출 지원(전시, 마켓), 공모전·시상식, 포럼·컨퍼런스, 투자 등으로 이뤄집니다. 주기적으로 사이트를 통해 다양한 지원사업을 공개 모집하고 있으니, 수시로 체크하시기 바랍니다.

 한국콘텐츠진흥원 접속 URL
www.kocca.kr

기술 혁신형 중소 기업들에게 알찬 정보가 가득! - 이노비즈

중소벤처기업부 산하 기관으로, 기술 혁신 중소기업 육성사업을 펼치고 있는 이노비즈는 'Innovation(혁신)+Business(기업)'의 합성어로 탄생되었습니다. 기술 혁신 역량을 갖추고 있으면서 3년 이상의 업력을 가지고 성장한 기업들을 대상으로 기술 혁신과 가치 혁신을 이룰 수 있도록 도와주는 곳입니다.

이노비즈 인증 심사 절차를 걸쳐 승인을 받으면 중소기업들은 금융·세제, 인력, R&D, 판로 수출 등의 다양한 분야에서 지원을 받을 수 있으며, 글로벌 경쟁력을 갖추는 데 동력을 키울 수 있습니다.

 INNOBIZ 기술혁신형중소기업 접속 URL
www.innobiz.net

지역 창업 활성화에 특화 - 창조경제혁신센터

중소벤처기업부에서 주관하고 창업진흥원에서 운영하는 창조경제혁신센터는 전국 19개 혁신창업허브를 가지고 있습니다.

지역 창업 활성화 및 기업가정신 고취를 위한 추진과제를 발굴·운영하며, 예비창업자와 창업 기업의 역량 강화를 위한 지원과 프로그램을 진행하고 있습니다. 지역별로 온·오프라인 상담, 멘토링·컨설팅, 사업화 지원, 판로 지원, 투자 유치 및 글로벌 진출 등의 지원 서비스를 제공하고 있습니다.

다른 지원센터와 다른 점은 지역의 파트너 기업, 유관기관의 연계·

합격은 준비에 있다! 심사위원을 감동 시킬 준비를 하라

협업을 통해 기업을 지원하는 것입니다. 특히 지방에 있는 중소기업·스타트업 기업이라면 창조경제혁신센터 사이트를 통해 유용한 정보를 얻을 수 있습니다.

 창조경제혁신센터 접속 URL
ccei.creativekorea.co.kr

지금까지 1인 지식 창업 및 중소기업·스타트업을 운영하는 새내기 CEO들에게 도움이 될 만한 국가지원사업 사이트를 소개해드렸습니다.

'백문불여일견(百聞不如一見)'이라고 직접 사이트에 문지방이 닳도록 들어가서 각자 회사에 꼭 필요한 정보를 얻고 지원을 받으시길 바랍니다. 정보가 풍요로운 시대, 기업을 잘 운영하는 경쟁력은 얼마나 양질의 정보를 가지고 이를 적재적소에 잘 활용하는 데 있습니다.

Chapter 3

심사가 다는 아니다.
도전하고 또 도전하라

01

심사위원이 감동하면
더 좋은 길이 나타날 수 있다

앞에서도 이야기했지만, 심사위원들은 학계, 동종업계, 컨설턴트, 엑셀러레이터나 창업 관련 기관 종사자, 벤처캐피털, 주요 정부 기관이나 협력 단체 등 (예비)기업이나 사업자가 알아두면 좋은 사람들로 구성이 되어 있습니다. 심사가 아니더라도 개인적인 네트워크를 형성할 수 있다면 더할 나위 없이 좋은 사람들이라는 것입니다.

그런데 많은 발표자나 (예비)기업이 단순하게 심사위원으로 생각하거나, 또는 다음에 다시는 볼일이 없는 사람인 것처럼 생각하곤 합니다.

하지만 생각을 바꾸어보면 여러 루트를 통해 IR 활동을 하거나 자기의 (예비)기업을 소개하고 싶어 할 만한 사람들을 정부가 솔선수범해서 모아주고, 발표자의 (예비)기업을 소개할 좋은 기회를 부여해주었다고 생각한다면, 이런 자리는 매우 의미 있는 기회가 될 것입니다.

그러므로 단순히 심사를 받는 자리로 생각하지 말고, 자신의 꿈을 실현시켜줄 수도 있는 좋은 인맥을 쌓는 자리로 생각하는 것이 더 확장성이 있다는 것입니다.

만일 발표자가 (예비)기업을 설명할 때 감동을 주었다면 당연하게 심사를 통과하기도 하겠지만, 설사 통과하지 못했다고 할지라도 그 자리에 있는 심사위원과 연결이 되어 정부지원사업보다 더 좋은 조건으로 투자를 받을 수도 있다는 것입니다.

꽤 많은 경우, 심사장에서의 인연이 계속되어 시리즈 A, B 투자까지 연결된 경우를 많이 접하고 있습니다.

심사 자리를 단순하게 정부 지원을 받는 용도로 생각하지 말고 더 큰 목표를 가지고 준비하는 것이 좋습니다. 그런 자세로 준비한다면 심사위원을 감동시키게 될 것이고, 설사 떨어져도 다른 길이 열리게 된다는 점을 명심하면 좋겠습니다.

02

시니어도 가능할까? 나이는 절대로
평가 기준이 아니다. 도전하라!

은퇴한 시니어 창업도 정부의 창업지원제도를 확인하고 준비하면
길이 있습니다.

일반적으로 창업을 하는 사람들은 자신만의 창업 아이템이 있을 거
라 생각하기 쉽지만, 의외로 취업난과 경제적인 이유로 인해 상황에 몰
려 준비할 여유도 없이 시작하는 경우가 많습니다.

국세청 자료에 따르면, 2020년 신규 사업자 중 50대가 34만 9,895
명으로, 전체의 25.5%를 차지하는 것으로 나타났습니다. 창업자 4명
중 1명은 50대로, 기대 수명이 늘어나면서 50대 이상의 은퇴자들이 창
업을 통해 노년을 준비하는 것으로 분석되었습니다.

60대 창업자도 계속 증가해 10%를 넘어서 시니어 창업에 대한 관심

도 많이 높아진 것을 알 수 있습니다.

그렇다면 은퇴한 시니어들도 쉽게 시작할 수 있을까요?

창업은 누구에게나 쉽지 않은 선택입니다. 따라서 철저한 준비가 필요합니다.

많은 사람들이 은퇴 후 곧바로 재취업을 생각하지만, 상황은 만만치 않습니다. 대부분 자신의 경력을 찾아 재취업하는 경우는 드물고, 단순 업무나 일용직 등으로 고용되는 경우가 많습니다. 그러다 보니 아직 한창인 시니어들이 생계를 위한 마지막 수단으로 창업을 시작하는 경우가 많이 있습니다. 그렇게 준비 없이 창업을 서두르다 보니 차별화된 창업 아이템보다는 안정적으로 보이는 흔한 선택, 즉 프랜차이즈 업종 등을 산택하는 경우가 많습니다.

하지만 시니어 창업이 무조건 생계형 창업에만 머물러 있는 것은 바람직하지 않아 보입니다. 시니어들이 그동안 직장생활을 하면서 갖게 된 노하우들을 충분히 발휘한다면, 강력한 스타트업도 기대할 수 있습니다.

정부에서도 시니어 창업을 위해 여러 가지 지원 제도를 펼치고 있습니다. 신사업창업사관학교, 시니어 기술창업센터, 세대융합형 창업사업화, 장년인재 서포터즈, 중소기업벤처부 R&D(연구, 개발) 지원사업, 재도전 성공 패키지 등 여러 가지 다양한 지원 제도들이 시니어들의 창업에 힘을 실어주고 있습니다.

특히 중소기업벤처부의 R&D(연구, 개발) 지원사업은 중장년에게 취약한 기술 파트너와의 협업을 지원해주고 있어, 기술 창업을 준비하는 시니어 창업자라면 주목해볼 만한 지원 제도입니다.

은퇴 후 다시 일어나고 싶은 그대들!

시니어 창업을 위한 정부지원제도

정부지원 제도	신사업 창업사관학교	시니어 기술창업센터	세대융합형 창업캠퍼스	재도전 성공패키지
지원대상	신사업 창업 아이디어를 가진 자 (음식점 주점업 제외)	만 40세 이상 창업경력이 없는 자	만 40세 이상 중장년과 청년으로 이루어진 팀	사업계획을 보유한 예비 재창업자
지원내용	창업교육 및 점포교육	창업교육 및 멘토 제공	매칭 프로그램, 멘토링, 교육 및 지원금과 사무실 제공	재창업 교육 및 멘토링, 사무공간 제공
지원비용	최대 2,000만원	최대 1억원	최대 1억원	평균 3,500만원
시행기관	소상공인 시장진흥공단		중소벤처기업부	

심사가 다는 아니다, 도전하고 또 도전하라

장사를 시작할 땐,
잘 되는 집 말고
안 되는 집부터 가봐라

누구나 누릴 수 있는
정부 지원제도를
적극 활용하라

창업자본금은
올인 보다 분산해
준비하라

그럼 시니어 창업에 도움이 되는 정부지원사업을 하나씩 확인해봅시다. 아래 예시는 매번 기준이 바뀔 수 있으므로 반드시 직접 확인해보고 적용하기 바랍니다

신사업창업사관학교

소상공인 시장진흥공단에서 진행하는 '신사업창업사관학교'는 신사업 창업 아이디어를 가진 예비 창업자를 대상으로 진행되는 프로그램입니다. 교육생들이 자신의 아이템으로 미리 사업을 해볼 수 있는 '점포 경영체험'이 특징입니다.

신사업창업사관학교는 전국 6개 지역(서울·부산·대구·광주·경기·대전)에 점포 체험장 19곳을 운영하고 있으며, 교육 수료 시 창업 비용(마케팅·시제품 제작·매장 리모델링 등)을 최대 2,000만 원까지 지원하고 있습니다.

신사업창업사관학교 접속 URL
http://newbiz.sbiz.or.kr

중장년 예비창업패키지

중소벤처기업부에서 진행하는 '중장년 예비창업패키지'는 예비창업자의 사업화를 위해 창업 교육, 전문가 멘토링, 시제품 개발 및 마케팅 등 창업 활동에 필요한 비용을 지원하는 프로그램입니다. 만 40세 이상이며, 사업 공고일까지 창업 경험이 없거나 공고일 기준, 신청자 명의의 사업체를 보유하고 있지 않다면 지원받을 수 있습니다. 폐업 경험이 있거나, 이종 업종의 제품 생산 또는 서비스에 대한 창업에 한해서만 신청할 수 있습니다.

선정 평가는 3단계로 진행되며 서류 평가, 발표 평가, 가산점 평가로 이루어져 있고, 최대 1억 원까지 사업화 자금을 제공하고 있습니다.

중장년 예비창업패키지에 대해 더 자세히
알아보기 위한 k-스타트업 접속 URL
www.k-startup.go.kr

세대융합형 창업캠퍼스

세대융합형 창업캠퍼스는 중소벤처기업부에서 지원하는 정책으로, 기술·경력·네트워크를 보유한 고경력 퇴직 인력과 청년의 아이디어, 기술을 매칭해 역량 있는 창업팀을 발굴해서 그들의 창업 전 주기를 집중적으로 지원하는 사업입니다. 2017년부터 전국 8개 주관기관을 선정해 운영되고 있습니다.

세대융합 팀을 짜기 위한 매칭 프로그램과 멘토링 및 교육을 진행하며, 최대 1억 원의 지원금과 사무실과 같은 인프라도 제공합니다.

세대융합형 창업캠퍼스에 대해 더 자세히 알아보기 위한
k-스타트업 접속 URL
www.k-startup.go.kr

재도전 성공 패키지

재도전 성공 패키지는 폐업 후 재창업을 준비 중인 (예비)재창업자 또는 재창업 3년 이내 기업의 대표자를 위한 프로그램입니다. 선정자에게는 재창업 교육 및 멘토링을 통해 실패 원인 분석 등 문제 해결형 실무교육과 분야별 전문가 멘토링을 지원하며, 평균 4,300만 원의 사업화지원금을 제공하고 있습니다.

또한, 재창업자 전용 보육 공간인 R-camp(서울, 부산 등)를 통한 입주를 지원하며, 투자 유치 IR 및 마케팅, 국내외 전시회 참가 등을 지원하는 사업입니다.

재도전 성공 패키지에 대해 더 자세히 알아보기 위한
k-스타트업 접속 URL
www.k-startup.go.kr

03

떨어져도 다음을 기약하라 :
콘셉트가 살아 있다면 반드시 성공한다

정부와 지방자치단체 등 공공기관이 적극적으로 여러 가지 모양의 정책자금을 집행해 정부지원사업을 하고 있고, 그 비중은 점차 늘어가는 추세입니다. 그러나 그 금액과 비중이 아무리 늘어난다 해도 지원자들 모두에게 혜택이 돌아갈 수는 없습니다.

심사위원을 하다 보면 참 안타깝게 정부지원사업 지원 대상에서 제외되는 (예비)기업들을 보게 됩니다. 앞에서도 이야기했지만, 정부지원사업에 선정되지 않는 이유는 여러 가지가 있습니다.

첫 번째 이유는 준비 부족입니다.
정부지원사업 공고를 보고, 그때부터 사업계획서를 준비한 경우입니다. 이런 경우 낙담할 필요는 없습니다. 정부지원사업은 연간 몇 차례로 나누어 집행하거나 지역별로 분리해 진행하는 경우가 많으므로 앞에서 이야기한 대로 콘셉트부터 제대로 준비해서 다시 도전한다면 분명히 좋은 결과가 나타날 것입니다.

두 번째 이유는 발표 당일의 실수를 들 수 있습니다.

적지 않은 비율로 발표 당일 실수를 하는 경우가 많이 있습니다. 꼭 선정되고 싶다는 절박함으로 발표 당일 굉장히 긴장하게 되어 떨거나, 발표 준비가 덜 된 경우입니다. 자신의 비즈니스 콘셉트를 제대로 설명하지 못해 심사위원들의 이해와 지지를 못 받는 경우가 많습니다.

그러나 무엇보다 질의응답 시간에 실수하는 경우가 대부분입니다. 앞에 설명한 대로 질의응답은 설득의 과정이 아니라 경청과 공감의 시간임을 망각하고 굳이 분위기를 전투 모드로 만들어가는 경우입니다. 질의응답 시간을 잘 활용하는 전략과 지혜를 가지기를 바랍니다.

세 번째 이유는 다 좋은데 안타깝게 선정이 안 되는 경우입니다.

정부지원사업의 특성상 심사마다 선정될 (예비)기업의 숫자가 정해져 있습니다. 그렇기 때문에 좋은 (예비)기업이 몰리는 경우, 다른 차수에 지원했으면 충분히 선정되었을 가능성이 있음에도 불구하고 안타깝게 선정되지 못하는 경우가 발생합니다.

앞의 세 가지 이유를 살펴보면 해결책은 모두 동일합니다.

정부지원사업에 선정되지 않았다고 낙담할 것이 아니라 도전하고 또 도전하라는 것입니다. 준비가 부족했다면 준비를 더 하고 난 후 다시 지원하면 됩니다. 발표 당일의 실수가 있었다면, 실수를 거울삼아 잘못된 점을 고치고 다시 지원하면 됩니다. 안타깝게도 다 좋은데 선정되지 않은 경우라면 다시 지원하지 않을 이유가 없습니다.

정부지원사업에 합격하는 비법 3단계를 소개합니다. 너무 단순해서 비법 같지 않지만, 정말로 강력한 비법이니 잊지 말고 꼭 적용해 정부지원사업에 합격하는 기쁨을 누리시기를 바랍니다.

그리고 떨어져도 다음을 기약해야 합니다. 합격은 '도전 + 도전'입니다. 개선하고 도전하면, 그만큼 발전하게 될 것입니다.

첫째, 떨어져도 다음을 기약하라.
둘째, 합격은 '도전 + 도전'이다.
셋째, 개선하고 도전하라 그만큼 발전하게 될 것이다.

베스트셀러 중의 하나인 《그릿(GRIT)》의 의미는 성장(Growth), 회복력(Resilience), 내재적 동기(Intrinsic Motivation), 끈기(Tenacity)의 줄임말입니다. 이는 모든 일의 성공에 결정적인 영향을 미치는 투지를 보여주는 것이기도 합니다.

모두가 그릿(GRIT)을 기억하고 정부지원사업 합격 비법 3단계를 실행한다면, 분명히 성공할 수 있음을 믿고 도전하기를 바랍니다.

저자 김형철의 정부 및
지자체 심사위원 경력 및 약력 소개

현재

· 지센더스(주) 대표
· 서정대학교 경영학과 교수
· 하베스트 대학원 미래창조과학부 교수
· 과학기술정통부 SW고성장클럽 멘토
· GNF CO–Founder 겸 부이사장
· 성장과가치연구소 소장 겸 큐레이터

학력

· 미국 보스톤대학교(BU) MBA
· 서강대학교 컴퓨터네트워크 전공 석사
· 한양대학교 유비쿼터스 최고경영자과정 수료
· 미국 노스웨스턴대학교 엑셀러레이터 자격 영어 과정 수료

공공기관 창업 및 BM 심사위원 및 멘토링 경력

· (글로벌)UN협회세계연맹(WFUNA) 도시혁신챌린지 심사위원 및 멘토
· (글로벌)베트남 Start Up Wheel 심사위원 및 멘토
· (글로벌)K–Startup Grand Challenge 심사위원 및 멘토
· 과학기술정보통신부 SW고성장클럽 심사위원 및 멘토(장관 임명)
· KOTRA 해외 구매조건부 R&D 심사위원
· 대중소기업협력재단 창업 심사위원 및 시장 전문가

· 대중소기업협력재단 사내벤처기업 평가위원
· 서울 창조경제혁신센터 창업 심사위원 및 멘토
· 서울시 청년프로젝트 BM 고도화 멘토
· 부산테크노파크 해외마케팅 통합 플랫폼 멘토
· 글로벌청년창업가재단 바이오, 게임, e-Sports 관련 창업 심사위원 및 멘토
· 대우세계경영연구원 GYBM 심사위원 및 멘토
· 한국환경산업기술원 환경관련 창업 심사위원
· 환경산업연구단지(TechHive) 환경보전 창업 심사위원
· 벤처협동조합 창업 및 투자 심사위원 및 컨설턴트
· 한국생산성본부(KPC) 주관 공공프로젝트 해외진출분과위원회 위원장
· 콘텐츠진흥원 콘텐츠 특화 액셀러레이터 육성지원 전문가 참여
· 제피러스 등 다수의 액셀러레이터 창업/BM 심사위원 및 멘토링
· 기쁨의복지재단 창포종합사회복지관 취·창업 분야 자문위원
· 정부 및 지자체, 공공기관 심사위원 및 멘토링 총 1,000여 개 이상 실시(창업
  및 BM 등 육성)

실적 및 수상

· 스타트업 2년 멘토링 후 코스닥 기술특례 상장 성공
· 멘토링 기업 우수 기업으로 선정되어 장관 표창 등 수상
· 정보통신진흥원(NIPA) 원장상 수상 및 과기정통부장관상 후보 선정
· 서류 및 발표 심사 그리고 멘토링 기업 수 : 1,000여 개 기업

저서

· 《성공하는 리더의 비밀 : 생각과 태도의 한 끗 차이》
· 《카페에 앉아 30분 만에 수익 내는 스토리텔링 마케팅 완전정복》(전자책)

대학 경력

· 한국 뉴욕주립대학교 TIC 부위원장 겸 센터장
· 경기과학기술대 교수
· 동국대학교 취·창업 및 기업가 정신 강사

기업 및 공공기관 경력

· 대우 폴란드 현지법인 대표이사 사장(CEO)
· 대우 회장비서실 세계경영 IT 담당 팀장
· 홍콩, 중국, 유럽, 베트남, 말레이시아 등 해외 주재원 및 해외 마케팅
· (재)글로벌네트워크(중소벤처기업부 관장 기관) 총괄

자원봉사

· 2012년부터 소망이 없는 청년, 경단녀, 명퇴자, 은퇴자 창업 및 취업 멘토링
· MW40P 성공습관 및 미래를 찾아가는 여정 40일 프로젝트 기획 및 진행
· 기독교청년 그룹 아둘람 공동체 멘토링
· 호스피스 자원봉사
· 바르샤바 한국학교 교장(대한민국 외교부 주 폴란드 대사 임명)

심사가 다는 아니다. 도전하고 또 도전하라

#마케팅(해외 포함)스페셜리스트 #강의 #도전과 열정의 모티베이터 #나눔과 베풂

E—mail : kimhchul@empal.com
Kakao talk : danikim2

 Cafe : 창업의 정석
https://cafe.naver.com/changup2njob

 YouTube : 성장과가치 연구소(성가연)

 Blog : 성장과가치 연구소
https://blog.naver.com/haycee

 인스타그램
https://www.instagram.com/daniel.hc.kim/

 페이스북
https://www.facebook.com/daniel.h.kim.75/

심사위원이 직접 가르쳐주는

정부지원사업 합격 노하우(개정판)

제1판 1쇄 2022년 3월 17일
제2판 1쇄 2024년 7월 25일

지은이 김형철
펴낸이 한성주
펴낸곳 ㈜두드림미디어
책임편집 최윤경
디자인 얼앤똘비악(earl_tolbiac@naver.com)

㈜두드림미디어
등록 2015년 3월 25일(제2022-000009호)
주소 서울시 강서구 공항대로 219, 620호, 621호
전화 02)333-3577
팩스 02)6455-3477
이메일 dodreamedia@naver.com(원고 투고 및 출판 관련 문의)
카페 https://cafe.naver.com/dodreamedia

ISBN 979-11-93210-96-3 (03320)